湖南省教育科学"十二五"规划课题
"小学课本剧编演研究"成果

精彩的故事演出来

湖南省涟源市第二小学课题组　著

东北师范大学出版社

图书在版编目（CIP）数据

精彩的故事演出来 / 湖南省涟源市第二小学课题组
著.—长春:东北师范大学出版社,2015.4
　ISBN 978-7-5681-0813-3

　Ⅰ.①精… Ⅱ.①湖… Ⅲ.①小学语文课—教学参考
资料 Ⅳ.①G624.203

中国版本图书馆 CIP 数据核字(2015)第 093791 号

精彩的故事演出来

湖南省涟源市第二小学课题组 著

□策划编辑:周跃彬

□责任编辑:于天娇　　□封面设计:刘建波

□责任校对:石松秀　　□责任印制:徐　麟

东北师范大学出版社出版发行

长春净月经济开发区金宝街 118 号(邮政编码:130117)

电话:0431-84568084

网址:http://www.nenup.com

长沙鸿发印务实业有限公司制版

长沙鸿发印务实业有限公司印装

(长沙县黄花镇印刷工业园)

2015 年 5 月第 1 版　 2015 年 5 月第 1 版第 1 次印刷

幅面尺寸:170mm×240mm　 印张:13　 字数:180 千

定价:28.00 元

湖南省教育科学"十二五"规划课题
"小学课本剧编演研究"
(课题批准号:XJK011CJJ065)

课 题 顾 问

刘宏业　　刘道阳　　王志海　　吴国贤　　肖君健　　肖伟颜

戴资星　　李　振　　石进科　　龚锡奇　　邓求平　　易　丹

李志雄　　龙永良

课 题 指 导

梁阜球　　刘健丰　　刘晃林　　王丽燕

课题组成员

主 持 人：刘胜娥

组　　长：李　辉

成　　员：李世奇　　李艳辉　　余　清　　彭小丁　　颜细芹　　李　璐

谢奇灵　　谭新民　　王大龙　　李炯妮　　毛　军　　吴小妤

肖玉姣　　周沧海　　蒋　玲

责 任 校 对

石松秀

策 划 编 辑

周跃彬

序

给孩子一个舞台

皮朝晖

戏剧是一门综合的艺术,融合了语文、音乐、美术、舞蹈等学科。在倡导素质教育的今天,组织校园戏剧活动是一个很好的办法。涟源市第二小学组织小学生剧团,排演儿童戏剧,进行课本剧课题研究,成为湖南省领先的戏剧艺术特色学校。

我经常参加省内外一些学校的活动,观看儿童表演。在小舞台上,孩子们载歌载舞,享受着童年的欢乐。童话剧表演很受欢迎,但是这类节目非常少。我问指导老师原因何在,据说困难有两点:一是找不到合适的剧本,二是准备工作太麻烦。

我们有责任为老师和孩子们解决这些困难。

找不到合适的剧本?儿童文学作家和教育工作者拿起笔来,创作适合儿童表演、满足现实条件的剧本。创作剧本时,做到故事情节单纯有趣,对话简洁生动,演出时间不超过十分钟;对演出条件要求极其简单,音响、布景、道具、服装等能省则省。

准备工作太麻烦?复杂的事情可以变得简单,麻烦的事情可以变得容易。可以提倡一种最简洁的形式——分角色朗读,教室、操场、草地、客厅、餐厅、卧室……都是我们的舞台。三个孩子一台戏,他们是天生的演员。不需要过多的准备,孩子们拿起剧本就能演。

在中国幼儿文学 60 周年研讨会上,我呼吁儿童教育工作者和儿童文学工作者共同努力,改变这样一种现象:少数有文艺特长的孩子载歌载舞,占领着校园舞台;多数孩子没有上台的机会,睁着大眼睛,永远坐在台下当观众……给孩子一个舞台,他就成了明星!每个孩子都是天生的演员,可惜，舞台太少太小。我们创造条件，提供更多更宽的舞台，让每个孩子都有机会演戏。今天的小舞台会慢慢长大，成为明天的人生大舞台！

涟源市第二小学有一群聪明而有活力的老师，他们奉献着才华和汗水，做了许多有益的尝试和探索，取得了丰硕的成果。这本书，就是他们智慧的结晶。

皮朝晖，一级作家，中国作家协会会员，中国戏剧家协会会员。小学语文教材（湘教版）副主编，《小学生导刊》副主编。创作出版《面包狼系列童话》等儿童文学作品44本。曾获全国优秀儿童文学奖等多种奖励。作品被国内外小学教材收录14篇。

目 录

一、精彩的故事演出来

1

二、孩子们的新天地

三、教师的新平台

一

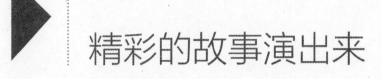

精彩的故事演出来

想做好事的小尤拉 (小歌剧)

梁阜球　吴喜平

时　间　现代。

地　点　外国小朋友家里。

人　物　小尤拉　男,一年级学生。

尤拉的妹妹、奶奶、妈妈,还有小狗。

[小尤拉低着头从台后走出来,不一会,看一眼台下的小观众,神秘地笑。他坐到小凳子上,两手支着下巴,两眼出神,想呀,想呀。

小观众　(台下小观众同时指一下小尤拉,快活地唱)

小尤拉,小尤拉,

想要妈妈夸奖他。

你看他,坐在那,

想出什么好方法?

小尤拉　(眼睛一亮,站起身来)想出来了,想出来了,我想出了好方法!

(唱)要是妹妹得感冒,

我就争着看护她。

又喂饭,又送水,

摸摸额头把汗擦。

妈妈就要夸我啦!

妹　妹　(飞跑着扑到小尤拉身前,亲热地说)哥,带我去外面玩玩吧。我好好的,没得感冒!

小尤拉　(不耐烦)走开,走开,我正在想问题,你一个人去玩吧!

妹　妹　（受了气,抹着泪）走开就走开,我才不和你玩呢!

小尤拉　（坐下,站起。摸下巴,好得意的）我有了新办法!（稍停）新——办——法——

（唱）奶奶正在洗白菜,

一只灰狼扑过来!

我端起猎枪打过去,（做打枪动作）

啪,啪啪啪……

灰狼叫着倒下来,倒下来,

我就成了英雄啦!

小观众　（台下调皮地唱）

小尤拉,小尤拉,

想要妈妈夸奖他。

你看他在想什么?

梦里成了英雄啦!

奶　奶　（戴眼镜,系围裙,提着水壶,慢步走出来）小尤拉,小尤拉……

小尤拉　（不高兴）嗯!

奶　奶　帮一下奶奶的忙,去把碗碟收拾好。

小尤拉　我正在想问题,没工夫!

奶　奶　（摇摇头）你这孩子,就是不愿意做点事,你这孩子……（唠叨,回里屋去了）

小尤拉　这个办法也不行,灰狼只在书上看到有。我得继续往下想,想。

（跳起）想出来了! 想出来了!

（唱）我家小狗真乖乖,

摇头摆尾逗人爱。

要是掉到井里去,

我就把他捞上来。

妈妈为了奖励我,

一块蛋糕递过来。

小　狗	（摇着尾巴出来，挨到小尤拉身边，对他汪汪地叫，像是要喝水）
小尤拉	我知道，你想喝水。喝什么水，我没工夫，滚开，滚！别打扰我想事情。
小　狗	汪，汪……（像是说"我不，我不"）

[小尤拉狠狠地打他一下；小狗汪汪地叫着跑开了。

妈　妈	（听到狗叫声，急忙出来）谁在打汪汪呀？
小尤拉	真不开心，我想做个好孩子，该做点什么好事呢？
妈　妈	哦，是这样。带妹妹玩玩，帮奶奶收拾碗碟，给小狗弄点水喝，不就很好吗！
小尤拉	妈妈，我该怎么做，我明白了，妈妈。（拉着妈妈，挥手向观众致意）
小观众	（台下欢快地唱）

小尤拉，小尤拉，
想要妈妈夸奖他。
身边小事多做点，
妈妈就要夸你啦。
身边小事多做点，
妈妈就要夸你啦！

（剧终）

精彩的故事演出来

据湘教版《语文》一年级下册《想做好事的孩子》改编。

小壁虎借尾巴(小歌剧)

梁阜球 谭新民

人　物　小壁虎、小鱼、老牛、燕子。
　　　　小朋友合唱队。
时　间　桐树开花的时候。

[台下小朋友齐唱,歌声响亮:
春天过去夏天来,
桐树花儿朵朵开。
蚊子嗡嗡叫,
天气热起来,
壁虎爬出来。
[小壁虎出来了,从表情看,他心里难过。

小壁虎　小朋友们,我是小壁虎,别看我外表丑,我可是人类的好朋友。我喜欢爬到墙壁上捉蚊子。昨晚,我正在专心捉蚊子时,没想到,一条蛇咬住我的尾巴,哎哟——我一挣,尾巴就脱了。没有尾巴真难看啊!(伤心地"哇"的一声哭起来)
[小朋友很同情他,帮他出主意,唱:
小壁虎,泪淋淋,
没有尾巴真伤心,
好心的朋友帮帮忙,
借给他尾巴用一用。

小壁虎　小朋友,谢谢你们的提醒,我要借尾巴去啦!

[他爬呀爬，爬到小河边。这里山清水秀，风景迷人。

小壁虎　（停下来，东张西望）这里有一条小河，真好玩。河上有拱桥，河里的小鱼在游来游去，他们的尾巴真灵巧。（大声喊）小鱼姐姐，小鱼姐姐……

["谁呀？"小鱼姐姐从里面出来了。

小　鱼　原来是小壁虎。你有什么事哦？

小壁虎　（亲热地）小鱼姐姐，是这样，我在捉蚊子的时候，尾巴被蛇咬去了，请帮帮忙，把你的尾巴借给我好吗？

小　鱼　不行啊！

（唱）壁虎弟弟对不起，

要借尾巴我不依。

我的尾巴要拨水，

一分一秒不能离。

[小鱼唱完，说声"拜拜"就走了。

小壁虎　（望着远去的小鱼，叹口气）这小鱼不借给我尾巴，我要爬到树上去试试看。（他爬呀爬，一爬爬到了大树上）这树上真好玩，树叶密密麻麻，风一吹，好凉快。看，牛伯伯在吃草，他的尾巴又长又有力，要是愿意借给我就好了。（高声喊）牛伯伯，牛伯伯……

牛伯伯　（迈着"八"字步走出来）小壁虎，你找我有什么事？

小壁虎　牛伯伯，我好喜欢你的尾巴，借给我行不行？

牛伯伯　（连连摇头）不行，不行！

（唱）蝇子咬我疼难忍，

我用尾巴来护身。

小壁虎呀请原谅，

我没尾巴万不行。

[牛伯伯不愿意借尾巴，到别处吃草去了。

[小朋友们一直在关心小壁虎，他们看到小壁虎决心大，爬到了燕子做窝的地方。就唱：

7

小壁虎,爬呀爬,

一爬爬到屋檐下。

他见燕子自由飞,

就要向她借尾巴。

小壁虎 (扯开嗓门喊)燕子阿姨,燕子阿姨……

燕　子 (扇动翅膀,飞到小壁虎前)你好,小壁虎,第一次见到你呢。

小壁虎 我的好阿姨,你真漂亮! 你的尾巴像剪刀,多么轻巧,请借给我好不好?

燕　子 不行咧。

(唱)我的尾巴用处大,

掌握方向全靠它。

你快回去问妈妈,

妈妈给你想办法。

小壁虎 谢谢燕子阿姨指点,对,找妈妈去。

[燕子阿姨飞走了。小壁虎一下走回家,一下又出来了,他有了一条新尾巴。他摸着尾巴十分高兴,蹦呀跳的。

[小朋友为小壁虎有了新尾巴拍起手来,快活地唱:

小壁虎,爬呀爬,

最后回到自己家。

妈妈叫他回头看,

哈哈哈,哈哈哈,

长出了一条新尾巴。

小壁虎 (唱)妈妈笑哈哈,笑哈哈,

我们自己有办法。

尾巴断了不用借,

自己长出新尾巴。

小朋友
小壁虎 (合唱)尾巴断了不用借,

自己长出新尾巴。

（剧终）

据人教版《语文》一年级下册同名课文改编。

虎大王开会（童话剧）

梁阜球　吴喜平

人　物　虎大王、奥特曼、老鹰、狮子、袋鼠、大象、乌龟、蜗牛。

　　　　扮演各动物的小朋友戴相应的面具。蜗牛只需拳头那么大，可用硬纸或碎布做成。奥特曼的形象如同我们在连环图上看到的：戴面具，穿紧身衣裤。虎大王屁股后扎个尾巴，袋鼠系着带口袋的围裙，老鹰装有简单的翅膀。本剧也可演成木偶戏。

［奥特曼提锣边敲边走出来。

奥特曼　动物们听着，虎大王决定，明天 13 点，在虎王大厅，召开动物代表会，一定要按时参加！（敲锣）动物们听着——明天 13 点，（朝台后大声喊）蜗牛，蜗牛——听见没有？

［台后稚嫩的回答声："听见了。"

奥特曼　明天 13 点在虎王大厅开会。你走得特慢，一定要早点动身。迟到了，虎大王会一脚踩死你，（做踩的动作）踩死你，知道吗？

［台后回答声："知道了。"

［乌龟慢条斯理地爬出来，迎面碰上奥特曼。

乌　龟　你是谁？（扭动颈部）是谁叫你发通知呀？

奥特曼　我就是那个奥特曼，龟先生，我早就认识您了。

乌　龟　啊，你就是那个力量无比的奥特曼！你和孙悟空比，哪个厉害？

精彩的故事演出来

奥特曼 我的能源很有限,和孙悟空比,比不上,比不上。我就是喜欢帮别人做点事。昨天在虎大王家里玩,他说要开个动物代表会,我就帮他发通知来了。龟先生,您上哪儿去?

乌　龟 我开会去。我家里装了电话机,昨天虎大王拨电话来,告诉我要开个动物代表会。我爬得慢,怕迟到,就提早赶路了。

奥特曼 不错,不错!龟先生守纪律,不像蜗牛。他动作慢,又不性急。

乌　龟 不和你聊了,我慢慢爬,慢慢爬,嗨嗨!

奥特曼 好,我还要去发通知。(鸣锣)明天 13 点——在虎王大厅开会——(神气十足,边喊边走了)

[一把椅子放台中央。虎大王台左上。大摇大摆,威风凛凛。

虎大王 (坐到椅子上,掏出手机)喂,你是奥特曼吧?通知都发了吗?啊,好的,好的!蜗牛呢,特别通知了他没有?现在 12 点半了,你快来,帮我办点事。(拿出报纸,装模作样,横看竖看)

奥特曼 (快步走到虎大王跟前)报告虎大王,奥特曼到!

虎大王 你来得正好。马上开会了,你给我清查。谁迟到,我来处置他!

奥特曼 只怕蜗牛难赶上,请大王体谅!

虎大王 蜗牛也不例外。

[老鹰翅膀一扑一扑,飞到大王前。

老　鹰 虎大王,我来开会了。

虎大王 你是怎么来的?代表谁?

老　鹰 回大王的话,我是飞来的。我代表会飞的动物乌鸦、天鹅、丹顶鹤……

虎大王 辛苦了!老鹰先生,等一下开会。

[接着,狮子、袋鼠同时到会,狮子跑,袋鼠蹦。

奥特曼 狮子、袋鼠先生开会来了,欢迎,欢迎!

虎大王 (客气地)请狮子先生说说情况。

狮　子 (高昂着头,粗声粗气。自以为在动物界的地位和虎大王差不多)好,虎大哥,我来说。我是跑来的,我们跑的动物有梅花鹿、猎豹、大灰狼……

袋　鼠　(有点胆怯)报告虎大王,我是蹦着来的。我们蹦的动物有兔子、青蛙……

虎大王　(打断袋鼠的话)好了,好了,小蜗牛呢,蜗牛怎么还没来?

袋　鼠　(替蜗牛说情)大王,蜗牛身体弱小,行动迟缓,等一会他会来的。

虎大王　(看手表)现在离 13 点只有 10 分钟了,这该死的蜗牛,如果迟到,看我把他踩成肉浆!

狮　子　蜗牛小是小,可他守纪律。我相信他不会迟到的。

老　鹰　(附和)他不会迟到的。

　　　　[大象一脚一脚地、迈着沉重的步伐走进大厅。

大　象　(有礼貌地)各位,各位,你们好!

众动物　大象好!

虎大王　大象兄弟,你是乘船来的吧?

大　象　我是走来的,我就是喜欢走。我们走的动物还有熊猫、河马、大猩猩……

奥特曼　大象先生,乌龟呢? 你看到乌龟没有?

大　象　乌龟就在我后面不远的地方。

　　　　[未见乌龟,先闻其声:"我来了,我来了!"

乌　龟　(颈部一伸一伸,来到众动物中)我来了,我来了!

奥特曼　龟先生表现不错,按时到会。

虎大王　你能按时赶上大会,表扬,表扬! 你代表爬的动物吧?

乌　龟　我汇报,我汇报。我代表爬的动物。我们爬的动物有:鳄鱼啦、壁虎啦、蛇啦……

　　　　我们各有特点。一般说,鳄鱼在水里爬,壁虎在墙上爬,蛇在地上爬。我呢,水里也爬,陆上也爬。

虎大王　爬的动物也来了,会议马上要开始了。告诉大伙,今后我们都要装上电话或配手机,开会发通知就不打锣了。(看表)离开会时间

11

只有三分钟了。奥特曼先生，你清查一下，谁还没到？

奥特曼 报告大王，就只差蜗牛了。

虎大王 （凶狠地）不等他了。他一来，把他踩死。

众动物 还等一等吧！

虎大王 不等了。

狮　子 （看表）还有一分钟，说不定他马上会到的。

大　象 是呀，就按规定的时间办吧！

[时间在一秒一秒的过去，众动物你望望我，我看看你，都为小蜗牛捏一把汗。

[不知从哪里传来蜗牛稚嫩的声音："各位兄弟，我是小蜗牛，会议开始了吗？"

众动物 小蜗牛，你在哪里？

蜗　牛 我早就到了，我在打瞌睡，才醒来呢！

[众动物莫名其妙，东瞧西瞧。

袋　鼠 我怎么有一点痒痒？（摸肚皮）啊，原来小蜗牛在我的口袋里，我怎么一点都不知道？

[奥特曼走近袋鼠，把蜗牛掏出来，放在掌心上。

虎大王 （大声）你是怎么来的？

蜗　牛 我是坐口袋来的。

众动物 （大笑）哈哈……

虎大王 （厉声）你怎么不早报告？

蜗　牛 我躺在口袋里，特别舒服，睡着了。

众动物 （笑得前仰后合）哈哈……

（剧终）

据湘教版《语文》一年级下册同名课文改编。

平平搭积木(童话剧)

梁阜球　王大龙

时　间　2010年金秋十月,一个星期六下午。

人　物　平平　男,一年级学生。

　　　　奶奶　60多岁。

　　　　还有平平喜欢的伴儿大公鸡、小鱼儿。

地　点　平平自己的房间里。

布　置　平平的桌子、小凳。桌上有文具、书籍、积木等。

[开场。平平坐在桌前玩积木,先搭了一列火车。

平　平　(边推火车,边说)唔——唔——到上海看世博会去。暑假里,爸爸、妈妈带我去上海看了世博会,那里有好多好多新奇的房子。我长大了,要当设计师,要盖漂亮的房子。(摸摸头,换了主意,一下弄翻火车,在钻有小孔的木板上搭了一栋屋,屋后栽了树。站起来,拍着手,得意地欣赏)

[台下小观众唱或数板:

平平搭积木,搭了一栋屋。

屋前有马路,屋后有柳树。

平　平　(欢喜地叫)奶奶……

[他飞快向里走,把奶奶拉出来。奶奶走得慢,跟不上。

奶　奶　平平这么高兴,有什么事? 我还要喂鸡、养鱼呢!

平　平　奶奶,我搭了一栋新屋,四间房,屋前有路,屋后有树。你看,好舒

精彩的故事演出来

服呐!

奶　奶　（笑，伸出大拇指）平平，我的好孙儿，真棒！

[奶奶和平平一同欣赏新屋。台下小观众唱或数板：

平平搭积木，搭了一栋屋。

屋前修马路，屋后栽柳树。

平平搭积木，搭了一栋屋。

奶奶问平平，搭给哪个住？

奶　奶　平平，我来问你，这些房子都给谁住？

平　平　（指着房子，答复）东边这一间给爷爷和他的书住，西边这一间给奶奶和平平住，中间这一间给爸爸和妈妈住。

奶　奶　平平，还有一间，给谁住呢？

平　平　（想了想）还有一间嘛，给我家的大公鸡住。

奶　奶　为什么给大公鸡住呢？

平　平　因为大公鸡有礼貌。

奶　奶　大公鸡有礼貌吗？

平　平　奶奶，你不信？我们的书上说了，大公鸡，有礼貌。

[平平打开语文教材，翻到第 29 页。奶奶戴上眼镜，凑近书本。

奶　奶
平　平　（同念）大公鸡，有礼貌，

见了太阳就问好。

太阳公公眯眯笑，

奖他一顶大红帽。

奶　奶　真的，书上都说了，大公鸡，有礼貌，我叫他来。（唤鸡）咯——咯——

平　平　咯——咯——

[大公鸡拍着翅膀，走到奶奶、平平前。

大公鸡　奶奶，平平哥哥，叫我做什么？

奶　奶　大公鸡，平平搭了一栋新屋，要给你一间房子住，因为你有礼貌。

大公鸡 我也有漂亮的房子住了,谢谢平平哥哥!

平 平 不要谢我,书上说了,你有礼貌。(从桌上拿出自己画的《太阳公公和公鸡》给大家看)

大公鸡 (一见太阳就叫起来)guǒ gā gē——

平 平 奶奶,大公鸡的话你听得懂吗?他一见太阳就问好。(学公鸡叫)太阳公公——

奶 奶 (以夸奖的口气念)大公鸡,有礼貌,见了太阳就问好。

平 平 [小鱼儿游呀,游出来。胸前贴着拼音字母"yu"。鼓着嘴巴,不服气的样子。

小鱼儿 奶奶,平平哥哥,李老师说了,我也有礼貌,我也要住间漂亮的房子。(游到奶奶身前撒娇)奶奶……

平 平 (旁白)不好了!没有房子了,怎么办?

奶 奶 (摸摸小鱼儿的脸蛋)李老师怎么说的?

小鱼儿 上课的时候李老师早就说了,平平哥哥忘了!

平 平 鱼儿弟弟,李老师没有说吧?

小鱼儿 说了,说了,你上课不专心。教拼音的时候,李老师一字一句说过:

（数板。表演）

鱼儿小弟弟,

待人真客气。

见了大哥 j、q、x,

赶忙脱帽行个礼。

[场外李老师声音:ü—ü—韵母"ü"和声母 j、q、x 相拼的时候,ü 上两点省略。同学们,我们可以这样来记住:鱼儿小弟弟,待人真客气。……

小鱼儿 (从袋里取出分别写有"ju(居)"、"qu(区)"、"xu(虚)"的三张卡片给大家看)

精彩的故事演出来

大公鸡 真是,李老师说过了的,鱼儿有礼貌,那我的房子就给小鱼儿住吧!

平 平 不,我再搭一间房子给小鱼儿住。(动手搭起房子来)

小鱼儿 太谢谢平平哥哥了!

[大公鸡、鱼儿跳跃。奶奶拍手。台下小观众数板:

平平哥哥实在好,平平哥哥真勤劳。

搭栋房子大家住,大家都说哥哥好。

树上鸟儿跟着唱,哥哥好,哥哥好!

(剧终)

据人教版《语文》一年级上册同名课文改编。

小丑伯伯(话剧)

梁阜球　谭新民

最美的风景线是孩子的笑脸;

最值得耕耘的是孩子的心田。

——题记

时　间　现代。

人　物　明明　盲女孩,8岁。

　　　　妈妈　30多岁,师范学院心理学教师。

　　　　小丑　男,50岁以上。

地　点　明明家里。

布　置　一张小桌子,几条凳。桌上有文具盒、书籍、作业本和小巧的摆饰。

[明明着夏装,系红领巾,戴墨镜,头上扎着红蝴蝶结。她摸索着一步一步走到桌前,坐下。摸到桌上的文具盒,打开;摸到了圆珠笔、尺片;又摸到作业本,翻到第5页。用尺片压住纸,比划着,想写什么。

明　明　(独白。带点忧伤)昨天,妈妈带我去儿童公园玩。那里,小丑在做精彩的表演。小朋友笑得多么开心,可我什么也看不见,我没有笑。小丑发现了,答应今天来我家里表演。他说,他有办法让我看得见。怎么还没来呀? 急死我了!

[明明刚动笔,不小心放在桌子边缘的文具盒"当"的一声落到地板上。她蹲下身子,这里那里摸,总是摸不着,叫起来:"妈,妈——"

妈　妈　(从里面走出来。边解围裙边说)来了,来了……我刚洗完碗呢。明明,我的孩子,丢了什么了?

明　明　我的文具盒不知落到什么地方去了? 我的作文还没写完,我要把昨天的事记下。妈,小丑是不是不来了?

妈　妈　明明,昨天讲好了的,你不要叫他小丑。他上年纪了,要叫他小丑伯伯。(拾起文具盒,放到明明手里,扶她坐好)

明　明　我忘了。是的,要叫他小丑伯伯,小丑伯伯! (把作文本递给妈妈)我的作文就是写小丑伯伯的,妈,你看得清吗?

妈　妈　明明随便怎么写,我也看得清的。(拿起作文本有感情地念)
"昨天,妈妈带我游儿童公园。我虽然看不见美丽的景色,但我听到了悦耳的歌声,听到了小朋友的欢声笑语。我知道了,就在身旁,小丑伯伯在作精彩的表演。但我什么也看不见,我没有笑。
小丑伯伯走到我面前客气地问:'小姑娘,告诉我,你不喜欢我的表演吗?'
'不,我喜欢,非常喜欢! '我从内心这样回答。
小丑伯伯听了,有点不解:'那么,其他小朋友都在笑,你为什么不笑呢? '

[明明听到这里,伤心地低下头来。妈妈停止了念,温柔地抚摸着她。

妈　妈　明明,你的眼睛很快会好起来的。给你做手术的是本省一家最好的医院,一名最好的眼科医师,你很快会恢复光明的!

明　明　我什么也看不见已经两年多了,多难熬呀!要是今天能看得见就好了。小丑伯伯为什么还不来呀?天气这么热,也许他不来了!

妈　妈　明明,你不要性急!小丑伯伯亲口答应了,要到我们家里来单独给你表演,他一定会来的!

明　明　他真的会来吗?

[门外响起了拐杖着地的声音,有节奏,很清晰。

妈　妈　明明,你听,有人来了。

明　明　准是小丑伯伯来了,他真的来了!妈妈,你倒茶去,快去!

[妈妈进里屋。明明将文具盒放到原处,把桌上的物件收拾整齐。

[小丑一步一拐来了。戴面具。眼睛圆鼓鼓。鼻子像镰刀,竖着。两撇黑胡须向左右伸开,长长的,硬硬的,像羽毛。红嘴巴张开,露出三颗门牙。高帽子红白相间,像牛角一样卷起来。裤子肥大,和人很不相称。左手挂拐杖。走起路来,左脚走一步,右脚就像在地上画一个圆圈。来到明明家门口,斯斯文文地敲门。

明　明　(听到"笃、笃、笃"的敲门声,兴奋不已)小丑伯伯来了,我去开门,我去开门!(忙起身,摸索着走到门前,做开门动作)

小　丑　(进门。拉着明明的手)

明　明　妈妈——小丑伯伯来了!

妈　妈　(端茶上)先生,请喝茶!我家明明在盼着、念着:"小丑伯伯亲口答应了,一定会来的。"

小　丑　(接茶,一饮而尽。从袋里取出芭比娃娃)我当然会来。这是送给小姑娘的一点礼物。

明　明　(接过礼物,摸了又摸,亲了又亲)

小　丑　(在明明身前蹲下)我们开始吧!请摸摸我的帽子,我的脸、胡子、肩膀。不要让手离开我,你要不停地摸着,这样你才能知道,我在干什么。

明　明　好吧,太谢谢您了!

小　丑　(放下手杖,瞬间换上孙悟空面具,让明明摸)

明　明　这不是孙悟空吗,神通广大的孙悟空!

小　丑　(左脚独立,右脚在地上画个圆圈,搭在左脚上。两手握成猴爪模样,灵活地抓着)

明　明　(边摸边模仿)真有意思!

小　丑　(拾起拐杖,在空中上下挥舞,吼着)嘿! 嘿! 嘿!

明　明　(小丑停下表演的时候,摸着拐杖)这就是孙悟空的金箍棒。妈妈,你看到了吗?

妈　妈　孩子,我全看到了!

小　丑　(一眨眼换上了猪八戒的面具,拐杖成了钉耙,扛在肩上,挺着肚子装猪叫)嗡……嗡……

明　明　(拍手)小丑伯伯变成"猪"了,我要摸"猪"。

妈　妈　好咧! (拉着明明,走到"猪"前,让她摸"猪"的脸)

明　明　(摸摸"猪"鼻子,又摸摸自己的鼻子)猪鼻子平平的,好大呀!

小　丑　(冷不防用"猪"嘴咬明明一口)

明　明　哎哟! 这"猪"好坏,妈妈,我要当屠夫,我要杀"猪"!

妈　妈　你这孩子,不要太顽皮呀!

小　丑　(从桌上拿起尺片递给明明)这是"刀","杀"吧! (拉明明弯下腰,自己一下躺到凳子上,让明明往脖子上"刺")

明　明　(真的"杀"起来)

小　丑　(装猪叫,声音由大到小到无;四肢挣扎,最后一动不动了)

明　明　(咪咪地笑)小丑伯伯,我不"杀"你了,闹着玩的。

小　丑　(用拐杖支撑,一下站起来)

妈　妈　孩子,开心吗?

明　明　开心极了! 妈妈,我的眼睛明显舒服多了。

精彩的故事演出来

19

小　丑　不装猪了，我们装狗吧，是你"看"得见的狗。

明　明　我"看"得见的狗，那是什么样的狗？

小　丑　来，你把左手掌伸直，拇指竖起；再用右手从上握住左手掌，虎口相互扣着。这就是狗头，简单吧！拇指自由摆动，是狗耳朵。这是一只手影狗。左手中指紧贴食指，无名指紧贴小指。中指、无名指一张一合，这就是狗嘴巴。

明　明　（按小丑讲的做）小丑伯伯，这就是我看得见的"狗"吗？

妈　妈　（也在旁边做）明明，这是你完全感觉得到的"狗"。

小　丑　（用手装的"狗"一边活动，一边叫，一边向明明"扑"去）汪！汪！汪汪汪……

明　明　（反击，以同样的架势向小丑的脸"扑"去，开心地笑着）

小　丑　（激动得泪流满面）

明　明　（小手感触到什么，吃了一惊）妈妈，小丑伯伯哭了！

妈　妈　小丑伯伯真不平常！

明　明　妈妈，我的眼睛，我的眼睛感觉到了……

妈　妈　（走过去拥抱女儿）孩子，感觉到了什么？

明　明　我感觉到了光明！我看得见了！现在我什么都知道了，小丑伯伯是世界上最美的小丑！

　　　　[妈妈给明明取下眼镜。小丑在一旁揩着泪水。

明　明　（深深地给小丑鞠一躬）小丑伯伯，我无比高兴，我们一起来跳个欢乐的舞吧！（音乐声中，随意做几个舞蹈动作）

小　丑　（很抱歉的样子）明明，对不起，我不能跳！

　　　　[音乐声嘎然而止。

明　明　多么快乐的时刻，为什么不能跳呢？

小　丑　你看我的右脚。（左脚走一步，右脚在地上画一个圆圈）我只能这样走路。我两岁的时候，患小儿麻痹症，病成这样了。

明　明　（惊讶）小丑伯伯，原来你是残……（哽咽）小丑伯伯，我长大了，一定要进一所最好的医科大学，要用心学医，一定要成为一名最好的医生，帮你把脚治好！

小　丑　听着这话，我太舒坦了，我感到透心的温暖！

明　明　妈妈，我再说一遍，我长大了一定成为一名最好的医生，帮小丑伯伯把脚治好。

小　丑　（扭动右脚）我的脚好像好多了，奇怪！

明　明　（开怀地笑）真的吗?!

（剧终）

> 说明:
>
> 　1.据湘教版《语文》五年级下册《小丑的眼泪》改编。
>
> 　2.导演尽可自由发挥，如小丑可不装猴、猪，而装熊猫、青蛙之类。角色服装可因季节不同而变换。
>
> 　3.道具可引导孩子们自已制作，不受剧本的束缚，以培养他们的动手能力和创新能力。

神秘的老奶奶（话剧）

刘胜娥　梁阜球

时　间　2010年清明时节。

地　点　云南省边远山乡。

人　物　三个妈妈和她们的三个儿子，还有一位神秘老奶奶和一位现场小记者。

布　置　台中有一根塑料水管，水管的一头用一块布盖着，另一头搭在一只水桶里。水桶旁竖着一块木板,木板上写有醒目的"井"字。

[一位外国老奶奶坐在离水井不远的地方,身前放着一根拐杖。她从哪里来的呢?叫人摸不透,猜不着。

[小记者手持话筒上场。

小记者 (大大方方。语气较急促,声音清晰)各位观众,小朋友们,我是《少年报》小记者。今天是 2010 年清明节。我站的地方是云南大理市的边远山乡。这里已有 200 多天没有下过一滴雨了,干旱还在继续。往年的这个时候,这里是绿绿的一片,现在却成了黄土地。村民们饮水也成了大问题。

[多媒体屏幕上现出云南某地干旱情景的图像。

[神秘老奶奶向小记者伸出大拇指,点头赞许。

小记者 (旁白。如入梦境)昨晚我做了个梦,梦里见到一位外国老奶奶。老师说她是课文《三个儿子》的作者,是位了不起的人物。这位老奶奶和我梦里见到的人很相像哩!(如梦中醒来,转头对老奶奶微微一笑,手指屏幕)啊,小朋友们,村民们没有被困难吓倒,他们齐心合力,掘出了一口口水井。大家看,井水哗哗地流了出来。(手指台上的水管)

[台后传来女人们的声音:"好呀,有水喝了,去打水呀!""终于有水了,快来啊!"

[妈妈甲、乙、丙提着水桶笑眯眯地走到水井前。妈妈甲将水管投进自己的桶子。

小记者 (从妈妈们出现时起,往台内边退边讲)世界上的妈妈都盼望自己的孩子成为有用的人,都喜爱夸奖自己的孩子,她们在干旱的时候,提水的时候,也不例外呢!(隐去)

妈妈 **甲** **乙** 干旱这么久了,学校还正常上学,真好!

妈妈甲 听说,昨天学校还举行歌咏比赛哩。

[水满了,她提开桶子,让妈妈乙接水。

22

妈妈乙　（自豪，挺着腰）不是吗，我的儿子唱起歌来好听极了，他在比赛中得了第二名，谁都没有他那样的好嗓子。

妈妈甲　我的儿子呀，既聪明，又有力气，他会翻跟头，漂亮极了，还会武术。（顺便做个打拳动作，令人发笑）

妈妈丙　（指着正在接水的桶子）你看，你看，只听讲话，水都漫出来了！

妈妈乙　不好意思，不好意思，浪费水了。

[妈妈丙帮她把水桶提到一旁，放好自己的桶子，什么也没说。

妈妈甲乙　（向妈妈丙）你怎么不说说你的儿子呀？他们在同一个班念书。

妈妈丙　他没有什么特别的地方，（充满自信）不过，还是很可爱的。

[台后传出小记者的声音："三个妈妈打了水，拎着水桶走在回家的路上。神秘老奶奶拄着拐杖，跟在她们后边，慢慢地走着。三个妈妈生怕漫出一点水来，她们走走停停，很小心，很吃力。"

妈妈甲　（停下来，伸伸胳膊）手都麻木了，水直晃荡，好重啦！

妈妈乙　（放下水桶，捶捶腰）哎呀，我腰都酸了，可还要走一段坡路。

妈妈丙　（轻轻放下水桶，踢踢腿，眼望前方）我们的孩子快要放学了吧。

神秘老奶奶　（手握拐杖撑胸，往前倾，成一"人"字）我好想见见你们的儿子呀！

妈妈们　（齐声）真的吗，老奶奶，你家住哪里？

[神秘老奶奶摇头不语。

[台后传来孩子们的声音："妈妈，我们放学了，你们在打水吗？妈妈……"

[三个儿子陆续上场。

儿　甲　妈妈，今天，老师又教给我们一个新的武术动作，我打给你们看！（站好桩，耍几下。走近老奶奶）老奶奶，我还会翻跟头呢！（一个劲地翻起来）

妈妈们　（看呆了）真不赖，像车轮在转，跟谁学的！

儿　乙　妈妈，我今天又学了一首新歌，我唱给你们听。（清清嗓子，唱一

首儿童歌曲）

妈妈们 真棒！真好听！

儿　丙 （跑到妈妈跟前，提起她的水桶，试一试）妈妈，我有力，我提得起，我来提吧！

妈妈丙 好孩子，这水沉甸甸的，你年纪小，做你的作业去吧！

儿　丙 妈妈，我不小了，我能提，你放心好了。

　　　　[他提着沉重的水桶，迈出坚实的步伐，走在妈妈们前面。

　　　　[儿子甲、乙挽着手、昂着头走在妈妈们后面。

　　　　[神秘的老奶奶站在一旁，用拐杖敲地，似乎在说什么。

妈妈甲 老奶奶，看见了吗？ 这就是我们的三个儿子，怎么样啊？

神秘老奶奶　三个儿子？不对吧，我可只看见一个儿子。（大声）一个儿子！

　　　　[说完，大步走着，越走越快，像神仙飞一样，消失在远方。

妈妈们 （惊讶）老奶奶，老奶奶！

儿子们 （不解）老奶奶，你是谁？ 你去哪里？ 老奶奶！

　　　　[三个妈妈和儿子们望着天空出神。

　　　　[小记者从台后走到台前。

小记者 昨晚我做了个梦，梦见一位俄罗斯老奶奶，来到云南省干旱的边远山乡，来到我们身边。她是语文教材里《三个儿子》的作者奥谢叶娃，如果她活到现在已经 108 岁了。她是一位优秀老师，又是一位著名作家。（感叹）难道我的梦变成真的了！

妈妈们 （围住小记者）这不是梦，是我们在演课本剧。

儿子们 （各拉着自己妈妈的手，左右摇着）妈妈，当演员真爽！

（剧终）

2010 年春

据人教版《语文》二年级下册《三个儿子》改编。

精彩的故事演出来

彩乌鸦 金狐狸（童话剧）

梁阜球 李炯妮

时　间　农历甲子年夏天。

地　点　青龙山森林公园。

人　物　老乌鸦、济公、小乌鸦亚亚、小狐狸栗栗。

布　景　台左，一根长长的树枝绑在一条小方凳脚上。如树枝难以找到，就在一张硬纸板上画上树枝，立于方凳前。

[开场。老乌鸦怨气冲天，站在树下骂老狐狸。

老乌鸦　（咬牙切齿，手指前方，好象老狐狸就在他对面一样）你……，你这老狐狸，真的坏透顶啦！昨天傍晚，我，我老乌鸦好不容易啄到一大片腊肉，香喷喷的。我飞到这树上，正想吃呢！你这老狐狸，不知怎么晓得了，遛到这树下来，甜言蜜语地讨好我。我一不小心，不小心，嘴里的肉就掉下来了，你这老狐狸一口就叼走了。（略停。叹气）唉！唉！你这没良心的，骗走我的肉！（大声，狠狠地）我叫你没有好下场，绝没有好下场！（转一圈）天呀！
[闪电。天空中传来动物们的声音：
老乌鸦，老乌鸦，
谁叫你爱听奉承话。
嘴里含着大片肉，
狐狸吹你就丢啦，
如今骂也没用啦！

[老乌鸦听到动物们的讥讽,只觉得昏头昏脑,站都站不稳了。

老乌鸦 老狐狸,你害得我好苦!你诡计多端,骗走我的肉,这还不算!森林里,左邻右舍也来挖苦我。气死我了,气死我了,我简直活不成了!(高声叫唤)亚亚,亚亚,我的好孩子,亚亚——

亚 亚 (连蹦带跳地跑出来)老爸,老爸,你怎么啦?(搀扶老乌鸦,给他捶捶背)老爸,你不要这么气,不就是一块肉吗。身体要紧,气坏了身子不是更糟糕吗!

老乌鸦 孩子呀,我这口气实在咽不下。刚才,还吐了一口血。我身体不行了,你一定要争气,要为老爸报仇!

亚 亚 你老是呆在这树下,心里不舒服,还是找个地方,去休息一会吧!

老乌鸦 孩子呀,你说的对,我看到这树,就想起老狐狸,心里就有气。我去,我去。

亚 亚 老爸,你不要急,我一定为您想办法!

[老乌鸦哼呀哼的,亚亚搀扶着他往里走。同时,森林里传来动物们的声音:

老乌鸦,老乌鸦,

谁叫你爱听奉承话。

嘴里含着大片肉,

狐狸吹你你就丢啦,

如今气也没用啦!

老乌鸦 (回头望天空,没好气地)呸,呸!等着瞧吧!

亚 亚 老爸,别理他们。看我的,一定为您报仇!

[亚亚扶着老乌鸦走进森林。不一会,亚亚提着一块桔黄色的腊肉出来。

亚 亚 我刚才和老爸想了个好主意。(神秘兮兮的)这块腊肉,我爸收藏了好几个月,舍不得吃,今天要起作用了。老狐狸呀老狐狸,谁叫你骗我老爸!这回呀你逃不脱了,你该死了!

[亚亚踏上方凳,从树枝上伸出头来,嘴里含着肉。

[台后传出小动物的声音:"好香呀,这是肉香味。好香呀,这是肉香味……"

26

[小狐狸栗栗活蹦乱跳走出来,还在说:"好香呀!"

栗　栗　(前后左右四处瞅,挺机灵的)好香呀! 哪来的腊肉香味?
　　　　我是小狐狸栗栗,我比我妈更伶俐。我是小狐狸栗栗,我比我妈更伶俐。

亚　亚　(故意摇摇树枝,落下几片树叶)

栗　栗　(往空中一望,发现了亚亚,十分客气地忙打招呼)你好,你就是乌
　　　　鸦大伯的女儿吧! 我早就打听到了,你叫亚亚。我是老狐狸的小
　　　　女儿栗栗,今天认识你,感到很高兴。

亚　亚　(沉住气,不搭腔)

栗　栗　你口里含的是一块腊肉吧,是怎么烘出来的? 好香啊! 你千万不
　　　　要作声,一作声,肉就会掉下来。
　　　　[场外音:亚亚心里在想什么呢?她在想,这小家伙比她妈更狡猾。
　　　　要是老狐狸一起来了就好了。现在还没到时候, 要多加小心,含
　　　　稳口中的肉。

栗　栗　亚亚,我的好姐姐! 上次你老爸丢了肉,是吃了想唱歌的亏。其
　　　　实,他唱歌根本不好听,是我妈骗他。(诚恳地)如果你想唱好歌,
　　　　还要参加培训才行。昨晚网上有信息,动物音乐学院招生,乌鸦
　　　　优先录取。乌鸦在鸟类中是最聪明的,最有培养前途。亚亚姐姐,
　　　　你相信我的话吗?

亚　亚　(扭动身子,朝下看看,树枝摇了摇)

栗　栗　(担心地)啊呀,你千万不要说话,你把肉慢慢吃了,再飞下来,我
　　　　们谈谈心好吗?

亚　亚　(气愤,忍不住了)你这花言巧语的骗子……(话还没完,腊肉掉到地上)

栗　栗　(忙拾起腊肉,走向一旁)

亚　亚　(急得要命,一下从凳上"飞"下来)糟了,糟了,只怪我容易激动!
　　　　腊肉里下了毒药,下了毒药,知道吗? 小狐狸要遭殃了,老狐狸却
　　　　活了下来。哎呀,没有替老爸报仇,真对不住老爸! (高声)老爸,
　　　　我对不住你!
　　　　[远处,栗栗拾起一片荷叶,包好腊肉,转身走回。

栗　栗　亚亚姐姐，你在说什么，你不要这么急！你落下的腊肉我没有吃，一丝一毫也没有吃。我给你用干净的荷叶包好了。你自己吃吧，你拿回去和乌鸦大伯一起吃吧！

亚　亚　（背对着栗栗，不理睬她）

栗　栗　亚亚姐姐，你不相信我吗？我妈骗了乌鸦大伯，还自以为聪明，到处吹嘘自己。其实她也遭到了报应。她做了那样的事，森林里的动物都讨厌她，都不跟她玩了。她很孤独，没过多久就……（哭起来）就，就死去了。

亚　亚　谁相信你的鬼话，你们小狐狸、老狐狸都不是好东西，我只恨我自己，没有为老爸报仇。

栗　栗　你不相信我也不要紧，我只是想把真实情况告诉你。我妈生前找过乌鸦大伯好几次，可是乌鸦大伯就是不愿和她见面。她临终前吩咐我，一定要做一只诚实的狐狸，一定要……

亚　亚　真好笑，狐狸还有诚实的呢！

栗　栗　我妈说，一定要代她向乌鸦大伯、向乌鸦家族道歉，一定要和乌鸦家族做朋友。

亚　亚　谁和你做朋友，和狐狸做朋友就要一辈子倒霉！我爸气得吐血，现在快要死了，你知道吗？

栗　栗　（惊讶）我不知道！

亚　亚　难怪你不知道！我爸嘱咐我，要我替他报仇！你这狡猾的狐狸，一定嗅出腊肉的什么味道了！（一把从栗栗手中夺过腊肉）告诉你，这腊肉里下了毒药，你吃下去，就说明你有诚意！

栗　栗　（恐怖。后退。两手哆嗦）真的下了毒药，我没有嗅出来！

亚　亚　（步步紧逼）你是嗅不出来的，这是高新科技产品。你害怕了吗？你给我吃下去，我要替老爸报仇！

栗　栗　我是小狐狸，我没有骗你爸，我没有罪！

亚　亚　老狐狸死了，小狐狸代替！（把腊肉塞到栗栗手里）

栗　栗　好,好! 我吃,我吃! (真的咬了一口)

亚　亚　(旁白)这小狐狸还蛮爽快,真的吃了!

　　　　[风起。落叶纷飞。栗栗只觉天旋地转,天昏地暗,慢慢倒在地上。

亚　亚　(走到栗栗身前,摇她)栗栗,你怎么真的吃了? 我是故意气你的,
　　　　并不想真的毒死你,你醒醒,醒醒!

栗　栗　(无力地摆摆手)我活不成了,亚亚,你好好活吧! 我讲的是真话,
　　　　我是诚实的狐狸!

亚　亚　不,你要好好活着,我们都要好好活着! 我相信你,你诚实、聪明。
　　　　栗栗,你醒醒! (伤心地哭起来)

　　　　[济公突然在树下出现。他戴和尚帽,脖子上挂佛珠,逍遥自在地
　　　　摇着烂蒲扇,嘻皮笑脸。

济　公　亚亚,你不是要报仇吗? 就让栗栗高高兴兴死去好了,你还哭什么?

亚　亚　(埋头哭,不知谁在说话,随口回答)我要哭,我要哭! 关你什么
　　　　事,谁叫你管闲事!

济　公　咦,蚂蚁子打哈欠,好大的口气!

亚　亚　(回头一看,眼睛一亮)啊,你是济公,我在电视里看熟了,认识
　　　　您。(一骨碌趴在地上,向他拜)师父,您一定有办法让栗栗活。
　　　　(拜)求求您了,求求您! (连续拜)

济　公　(无动于衷)

亚　亚　我给您磕头,求求您还不行吗?

济　公　行,行,行,不要拜了。(远远地给栗栗扇风)

栗　栗　(动了一下)

济　公　(再扇。口中念念有词)

栗　栗　(打个翻身)

亚　亚　(惊喜。一下站起来,拍手)栗栗活了,栗栗活了,谢谢师父! (忙把
　　　　栗栗拉起)

济　公　看你全身黑色,可心灵还不错呀!

亚 亚	（鞠躬）谢师父夸奖。
济 公	人说，天下乌鸦一般黑，你应该是彩乌鸦。
亚 亚	我不是彩乌鸦，黑乌鸦就是黑乌鸦。
济 公	各种颜色调和在一起就成了黑色，现在你返本归原就成彩色了。
	（给亚亚换上彩色头饰）
亚 亚	（拉着栗栗）我是彩乌鸦了，栗栗为我欢呼吧！
栗 栗	（不太高兴）我心里还不舒服！
亚 亚	还有什么不舒服的？
栗 栗	乌鸦大伯病成那样，不知怎样了？
亚 亚	对，对，我老爸还病着呢，谢谢你还记得他，快去看他去！
济 公	（用蒲扇拦阻他们）不用了，等一会我去给他治病，你们就不要担心了！（向栗栗）人说，狐狸狡猾，但是，你是诚实的狐狸，善良的狐狸，你的心灵像金子般纯洁，你是金狐狸！
栗 栗	我是金狐狸吗？
济 公	金狐狸！
栗 栗	我是金狐狸！
亚 亚	我是彩乌鸦！
济 公	（指亚亚）你是鸟类中最聪明的。（指栗栗）你是兽类中最灵巧的。你们该怎么样呀？
亚 亚	我们不记仇了。
栗 栗	（欢呼雀跃）我们同唱歌，同跳舞，同幻想，同做好事，让大自然更美丽。
济 公	（有节奏地摇着蒲扇，得意地在旁欣赏）
亚 亚	（欢呼雀跃）我们同唱歌，同跳舞，同幻想，同做好事，让大自然更美丽。

（剧终）

参考朱文琳同学作文《乌鸦与狐狸新传》改编。

附：

乌鸦和狐狸新传

朱文琳

话说当年老狐狸用诡计骗取了老乌鸦嘴里的一片肥肉，事后，老乌鸦经常被动物们讥笑。没过多久，老乌鸦就郁郁而终了。老乌鸦临死前嘱咐自己的女儿美美说："我们乌鸦家族和狐狸家族不共戴天，你一定要为我报仇！不然，我在九泉之下不会原谅你的！"美美含着眼泪答应了，老乌鸦才闭上了眼睛。

美美埋葬了母亲，就衔了一块肥得流油、香得冒泡的肉，站在狐狸家附近的大树上。

没过多久，一只小狐狸循着肉香找来了。当他看见美美后，连忙向美美打招呼："早上好啊！您就是乌鸦大婶的女儿美美吧！我是老狐狸的儿子狸狸，很高兴认识你！"

美美没搭腔。

狸狸发现了美美口中的肥肉，赶忙说："啊！你口里衔着肉啊？你不要说话，肉会掉下来的！"

美美心想："哼！真是黄鼠狼给鸡拜年！想假装好人骗我？我才不上当呢！"

狸狸又说："你赶紧把肉吃了，我们好好谈一谈好吗？"

美美忍不住了，气愤地喊："你这个骗子——呀！"话还没说完，那块肥肉就掉了下去，美美急得直拍翅膀。

狸狸赶忙接住了肥肉。美美心里却暗暗高兴。原来，这是一块被下过毒药的肥肉。他想：终于可以为妈妈报仇，为乌鸦家族雪耻了。那毒药是高新产品，没有丝毫气味，连军犬也嗅不出来的。

可万没想到的是，狸狸接住肥肉后，并没有像老狐狸一样一口吞下肚，而是捧起那块肥肉，诚恳地对美美说："美美，我爸爸当年骗了乌鸦大婶，还到处吹嘘，这是不对的。其实他也遭到报应，从那以后，整个森林里没有任何动物肯相信他。他以前的老朋友全都和他绝交了，他自己也在孤独中死去。他死前找过乌鸦大婶好几次，想向她道歉，可是大婶就是不和他见面。他临死前嘱咐我：一定要做一只诚实的狐狸，而且一定要代他向乌鸦大婶，向乌鸦家族赔不是，一定要和乌鸦家族化敌为友……"

美美在树上沉默着。

狸狸流着泪说："你还是不肯原谅吗？哦！我理解你。将来你一定会明白我们的诚意的。这块肉，你还是拿回去吧！"

说完，狸狸把肉放在一片干净的树叶上，转身走开了。

看着狸狸远去的背影，美美忽然叫道："狸狸，等一等！"

……

一年后，美美来到老乌鸦坟前，祈祷说："妈妈，你能原谅我吗！我违背了你的遗言，和狸狸成了好朋友……他真的是一只很诚实、很善良的狐狸。你能告诉我，我做得是对是错吗？"

小朋友们，美美做得对还是不对呢？

环儿遇险记（童话剧）

梁阜球　毛　军

时　间　干旱季节。

地　点　字典城，郊外丛林中。

人　物　环儿　他既是字，又是人；年纪小，活泼好动。

　　　　土地爷　七、八十岁的老头。他当土地老馆厌烦了，只想当王爷，但办法并不聪明。

　　　　还先生　环儿的叔叔，很有本领，字典王国的侦察官。

[开场。动听的音乐声伴着清晰的场外音：“同学们：语文教材里有篇略读课文叫《“环”字遇险记》，很有趣。四年级甲班同学要把这个故事改头换面演出来。

[环儿兴高采烈地跑出来。他头饰上的“环”字开头一笔很粗，叫人担心会掉下来。他脖子上、手腕上都有环，他的打扮和名字很相配。

环　儿　大家一看就知道，我是环儿。（倒手指）环境、环保、环球、环抱、环节、环绕就是我这个“环”，花环、光环、铁环、耳环也是我这个“环”。我不愿老是呆在家里，喜欢到处跑跑，四周看看！我爸爸在外地打工，我住在叔叔家里。（向台内喊）叔叔，叔叔——我出去玩一会！

[台内回应：“不要走远了，快点回来！环儿，要小心，注意安全！”

[环儿一蹦一跳跑远了。远方传来她的朗读声：“追着小鸟，走进密林，追着小溪，走进深山……”

[土地爷拄着拐杖稳步上场。他眉毛、胡子雪白，手里拄的拐杖比头部还长半截。头饰上的“土”字方方正正，好像是剪出来的。走起路来，像个机器人，稳健有力。走到台中央，才张嘴说话。

土地爷　我是土地爷，土地菩萨，也有人叫我土地老倌。我当土地爷不知多少年了。看我头发、眉毛、胡子全都白了。我当这土地爷，实在厌烦了。土地土地，只管五里。要是能当王，该多气派，多威风！得想个法子才行，想个法子。（用拐杖敲击地面，走动，嘟哝着）想个法子……想个什么法子呢？

环　儿　（边走边跳边朗诵）追着小鸟，走进密林，追着小溪，走进深山……把自己变成白云吧，去感受蓝天的遥远。（停下观望）到哪里来了？这里风景多美，密密的树林，绿茵茵的草地，蓝悠悠的天空。

[土地爷听到后面的讲话声，反转头，瞥见一张幼稚的脸孔。

环　儿　（好奇地蹦到土地爷面前，上下打量）老爷爷，好面熟呀，我好像在哪儿见到过您！

土地爷 真的吗,好娃儿!

环　儿 对了,对了,您是寿星老倌,肯定比我爷爷年纪大,千多岁了吧?

土地爷 没有,没有,才八百多岁。

环　儿 您一定了不起,是神仙。(喜出望外,跳得老高)今天出来玩,多有意思,见到了神仙!

土地爷 (注视环儿的头)今天天气热,我有点不舒服,不和你聊了。(动身要走)

环　儿 (扯住土地爷的衣角)不,刚刚见面,我们还聊聊好吗?

土地爷 干旱这么久了,太阳晒得厉害,我全身都要干裂了。

环　儿 (同情地)啊!

土地爷 请你帮忙,把你头上左上角那一横借给我用一用好吗?

环　儿 我叔叔要我小心,我身上的东西不能随便借的。

土地爷 就借给我用一会,有什么要紧!(不由分说,一把将"环"字第一笔扯了下来,往自己头上一粘,这样,"土"字上面就多了一横)

环　儿 老爷爷,快还给我!

[土地爷忽然变成了另一个人,一个冒充的王。他威风凛凛,神气活现,迈着方步,不知奔到什么地方去了。

环　儿 (尽力喊)老爷爷,快还给我!

[台内严厉的声音:"谁在那儿叫喊?原来你是坏蛋,大坏蛋!"

环　儿 (不由得打个哆嗦)我不是坏蛋,是环儿!

[台内凶狠的声音:"你这坏家伙,跑到这儿来了!"

环　儿 (吓得前后乱奔)我不是坏家伙,我是环儿!

[台内可怕的声音:"你还狡辩,你分明是坏蛋,你往哪里逃?"

环　儿 (记起土地爷抓掉了他头上的一横,把头饰取下来看一眼,又慌忙戴上,急得放声大哭,倒下,昏了过去)

[还先生循着哭声走出来。他头饰上的"还"字刚劲有力,最后一捺又长又尖,像把刺刀。

还先生 (两个手掌握成喇叭状,左右高声喊)环儿,环儿,你在哪?

环 儿 （声音微弱）叔叔，我在这儿，叔叔……

还先生 （走到环儿跟前，蹲下）遇到了什么危险？环儿，没事吧！

环 儿 （抽泣）叔叔，我头上那一横，被一个白胡子老倌抓去了，大家就以为我是坏蛋，好可怕的。叔叔，你是侦察官，要抓住那老头。

还先生 抓去你头上那一横的是土地老倌，他想冒充王，我们已经侦察到了。那一横很快会还给你。（背上环儿，迈开坚实的步伐，走出丛林）
〔土地爷上。有气无力，脸上无光。

土地爷 唉，我只想当王，抓去了环儿头上那一横，给自己戴上，没想到很快真相大白，王没当成，反而坏了名声，还是老老实实当我的土地老倌吧！当土地有什么不好！农民说得对：土中生白玉，地内产黄金。土中生白玉，地内产黄金。土中……（嘟哝着下）

（剧终）

据湘教版《语文》四年级上册《"环"字遇险记》改编。

红　虾（话剧）

毛 军

人　物　凡·高　贫穷但善良又很有才华的画家。

艾伦太太　尖酸刻薄的房东太太。

甜饼大姐　街边摆摊卖甜饼的大姐。

母亲（路人）　傲慢、清高的贵妇人。

女儿（路人）　喜欢美术、富有同情心的中学生。

面包店老板　吝啬、缺乏同情心。

彼得先生　和气而有眼光的画铺老板兼拍卖会主持人。

小莉莎　乖巧可爱，但父母双亡，无依无靠。

群众演员　拍卖会上参与竞拍的人员。

一、凡·高卖画

（一）

[一个寒冷的黄昏，贫穷的荷兰画家凡·高正在冰冷的房间里画《红虾》，尽管天气严寒，但他仍然很专注地画着。画完了，他仔细看了看，满意地点了点头，自言自语起来。

凡·高　画画真是一件快乐的事，它深深地吸引着我。

[这时，响起了"砰砰砰……"的敲门声。

艾伦太太　（一边敲门，一边大声叫）开门，开门，开门啊，开门！

凡·高　谁这么急啊，哦，艾伦太太，门没闩呢，进来吧。

艾伦太太　（气冲冲进来，指着画一脸不屑地）哦！凡·高先生，又在画这些破画儿，它能当饭吃啊?!

凡·高　（很尴尬）我，我……

艾伦太太　（凶狠地打断凡·高的话）你都三个月没交房租了！快把房租交给我啊!快呀，快交给我！

凡·高　对不起，艾伦太太，房租我一定交。只是我……我现在手头没钱。我这就去卖画，卖到钱了马上就回来交房租。我这就去，这就去。（说着，卷起画就往外走）

艾伦太太　（朝着凡·高的背影叫嚷）我等着！今晚不把房租交了，你就睡街上去！你以为你是什么大画家，能画出钱来。那破画儿，谁要啊！今晚你要是交不了房租，我一定把你赶出去。哼！（转身离开）

（二）

[凡·高抖擞着来到大街上，北风呼呼地刮着，冷得他直缩脖子。他把画铺在地上，蹲下来眼巴巴地等着人来买。

凡·高　（独白）这天气可真冷啊，（手搓了搓，又伸到嘴边哈哈热气）唉……我的胃也不舒服了！这几天都没好好地吃什么，就靠喝杯咖啡，吃丁点儿面包片，到今晚，能吃的就只有一块面包皮了。上帝啊，请保佑我今晚能用画儿换点钱吧,让我交了房租,再好好吃一顿。如果够,我还想买件厚点的棉衣……这天气实在太冷了!(又搓搓手,哈哈热气)我还想买点画画用的颜料……

甜饼大姐 (挎个篮子,边大声叫卖着边走了过来)卖甜饼啦,卖甜饼啦,又香又脆的甜饼,快来看快来买啊……(重复叫卖。见到凡·高,热情地招呼)先生,买个甜饼尝尝吧,很香很脆的!(凡·高忍不住站起身来,伸头朝篮子看了看,但似乎突然想起了什么,咽了咽口水,又蹲下去了。甜饼大姐迷惑地看了看凡·高,继续叫卖着走开了)

[这时有一对母女路过。中学生模样的女儿一眼看到了凡·高的画,似乎挺感兴趣。

女 儿 妈妈,快看,这画上的虾像活的一样,画得真好!咱们买回去吧?

母 亲 (瞟了一眼,不以为然,拉起女儿就走)有什么好看的!这些人能画出什么好画儿来!不买,走!

[场外音:这位贵妇人的话,像针刺在凡·高心里一般。他感到很难过。他想,在这儿卖画,恐怕很难卖掉,还是去街东头的小画铺吧,也许那个画铺老板会购买我的画。于是,他起身往街东头走。刚走了几步,就遇到了面包店的老板。

面包店老板 喂,凡·高先生,上次你买面包的钱还没给我呢,你是不是想赖账啊?

凡·高 (很不好意思)老板,不是,不是,怎么会呢,我……我记着呢。我现在有事去,回头来付账。(匆匆走了)

面包店老板 你去哪?欠账要还呀。(追着凡·高下去)

(三)

[凡·高来到了小画铺门前,张望。

凡·高 (独白)画铺到了呀,也许老板买我的画。(大声)您好,老板!有人吗?

[老板从里屋出来。

画铺老板　是凡·高先生，您好，您好！您是想……（询问的语气）

凡·高　我想卖掉这幅画，您看……（没等他说完，画铺老板就打断了他的话）

画铺老板　真不好意思，凡·高先生，最近店里没什么生意，现在还存了很多画没卖出去啊，您下次再来吧。

凡·高　（旁白）怎么办呢？艾伦太太说，我都三个月没交房租了。如今晚还不交，就得睡街上。（想到这里，凡·高再次鼓起勇气请求画铺老板收下他的画）

凡·高　我……我需要钱交房租，您能不能……

画铺老板　（明白了凡·高的处境，同情地）那让我看看你的画吧。（仔细地端详着画面）这画显然不错，我就买下来吧。五法郎怎么样？

凡·高　好好好，就五法郎。

　　［凡·高接过这五法郎即往回走，忽然看见一个衣衫破旧的小女孩迎面走来，她是那样的孤苦无助，饥寒交迫。凡·高的脸色变得凝重了，不由自主地向女孩走去打招呼。

凡·高　孩子，你怎么一个人在这里？你叫什么？

　　［冷，加上害怕，小女孩全身发抖，不抬头，也不肯回答。

凡·高　别怕，孩子，叔叔不是坏人。告诉叔叔，你叫什么？

小莉莎　（头稍稍抬起，警惕地看了一眼，小声回答）我叫莉莎。

凡·高　你的爸爸妈妈呢？他们怎么没和你在一起？

小莉莎　他们都死了！

凡·高　死了？

小莉莎　嗯，去年就死了。是出车祸死的。

凡·高　可怜的孩子！你肚子饿吗？

小莉莎　饿！

　　［凡·高心里难过极了，他毫不犹豫地把手中的五法郎塞进小女孩的手中。

凡·高　孩子，给，去买东西吃吧！（说完便消失在凛冽的寒风中）

[场外音:4 年后,这位饱经风霜、贫困的艺术家——凡·高,才 37 岁,就凄惨地离开了人世。他去世以后,人们才去仔细品味他在那段艰难岁月中创作出来的绘画作品。人们惊奇地发现当年的凡·高是一位多么善良、多么有才华、多么伟大的艺术家! 若干年后,在法国巴黎的一次拍卖会上,当年那幅仅仅卖了 5 个法郎的《红虾》,一时成了收藏家争相购买的艺术珍品。

二、拍卖会上

主持人(小画铺老板)　欢迎各位来到拍卖现场。下面,我们要拍卖的是一幅非常珍贵的绘画作品《红虾》。看! 这幅作品是伟大的荷兰画家凡·高先生为世人留下的宝贵财富,堪称世界艺术珍品! 到底谁能幸运地收藏这幅画呢? 下面拍卖开始! 起拍价是 800 法郎。

[竞拍者 1 举牌:1000 法郎!

[竞拍者 2 举牌:1200,1200!

[竞拍者 3、4 举牌:1500! 2000!

[竞拍者 5、6 举牌:2500! 3200!

主持人　3200! 还有没有更高的?

[竞拍者 7 举牌:4000! 4000 法郎!

主持人　这位女士出价 4000 法郎!

[竞拍者 4、6 举牌:4800! 4800! 5500!

主持人　有没有更高的? 有没有?

[竞拍者 8 举牌:6800! 6800!

主持人　那位先生已经出到了 6800 法朗的高价!还有没有出价更高的?6800 第一次! 6800 第二次! 6800 第三次! 成交! 恭喜这位先生!

亲爱的朋友们:

凡·高先生的一生虽然短暂,但是无论处在多么艰苦的环境中,他都酷爱创作、坚持创作,并不忘关爱他人。他有着乐于助人的高贵品质。他,值得我们全世界人民铭记在心! 我们将会把此次拍卖所得的钱全部捐给残疾人基金会。我相信,如果凡·高先生还活着，这也是他心中的最大的愿望！朋友们，让我们永远怀念他！谢谢！

（剧终）

据湘教版《语文》五年级下册同名课文改编。

丑小鸭的新故事（童话剧）

梁阜球　刘胜娥　李炅霖

人　物　丑小鸭、蛙伯伯、鸭大妈、鸭哥、鸭姐。

一

[蛙伯伯戴眼镜，拿笔记本电脑，一跳一跳地跳出来。

蛙伯伯　我是青蛙，小朋友叫我蛙伯伯。我的本领可大啦！能在水里游泳，能在陆地上爬、跳。我是捕捉害虫的高手。我在动物大学毕业，见多识广，人们叫我蛙博士。我专门研究什么？你知道吗？哼，我在井里专心研究安徒生童话。安徒生是丹麦人，活了70岁，写了160多篇童话。他写的《丑小鸭》、《拇指姑娘》、《皇帝的新装》我都研究过。我是研究安徒生童话的博士，博士，你知道吗？

[场外传来"嘎、嘎"的哭声，蛙伯伯侧耳细听。听出了什么，得意地跳几下。

蛙伯伯　这是谁在哭？你知道吗？我一听就知道，这是丑小鸭在哭。谁在欺侮她？我得去看看。（向里叫唤）丑小鸭，丑小鸭……（跳着去了）

[丑小鸭出来了。她的毛灰灰的，嘴巴巴大大的，身子瘦瘦的。她

后面紧跟着鸭大妈。丑小鸭揩眼泪,鸭大妈唉声叹气。

鸭大妈 丑小鸭,你往哪里去? 有我在呢。

丑小鸭 (委屈地回头望着她妈)妈,他们都看不惯我,哥哥踢我,姐姐咬我,连公鸡也啄我。我不和他们玩,我要到外面去,独个儿玩。

鸭大妈 (轻轻地抚摸她)我的好孩子,仔细看,你还是很漂亮的,你身体很结实,说不定将来有出息。

丑小鸭 是吗? 妈妈。

[鸭哥、鸭姐扭着身子蹦了出来,拉住妈妈。

鸭　哥 (用脚踢丑小鸭)你有什么出息,丑八怪!

鸭　姐 (轻蔑地)还不快滚,呆在这里干什么!

丑小鸭 (扬起头)我就不走,看你们怎么样!

[鸭哥、鸭姐猛不防揪住丑小鸭,一齐提起脚来,要踢。

丑小鸭 (吓得哭起来)嗯——嗯——

鸭妈妈 (厉声)给我住手,你们都是我的孩子,为什么这样?

蛙伯伯 (跳着出场,口中念念有词)竹外桃花三两枝,春江水暖鸭先知。竹外桃花三两枝……

鸭大妈 蛙伯伯来了,蛙伯伯挺有学问的。

丑小鸭 (上前,礼貌地)蛙伯伯。

鸭　哥
鸭　姐 (一齐指着丑小鸭)丑八怪,丑八怪,假惺惺地装乖孩子。

蛙伯伯 别这样叫她,她不是丑八怪。

鸭　哥 她就是丑八怪,长得怪,性格也怪。

蛙伯伯 我看她的模样,听她的声音就知道,她不是丑八怪,她将来是美丽的白天鹅。

鸭　哥
鸭　姐 我们不信你的。

蛙伯伯 小家伙,你们懂什么,我是专门研究安徒生童话的博士。(急忙打

41

开笔记本电脑,迅速地按键)

鸭大妈 (凑近看)你这是什么?

蛙伯伯 这是我随身携带的手提电脑,里面什么信息都可以查到。你们看,安徒生童话,《丑小鸭》。

鸭 哥
鸭 姐 我们在《语文》里学过。

蛙伯伯 你们学的只有 500 来字,那只是一个故事简介。你们看,这一篇是原文,有将近 7000 字,说得够仔细的了。

鸭 哥
鸭 姐 我们的老师没讲过。

蛙伯伯 你们的老师当然不会晓得,我可做过很深的研究。我敢肯定,你们的小妹妹就是安徒生所描述的丑小鸭,她是未来美丽的白天鹅,只是现在还没有长大而已。

鸭 哥
鸭 姐 真的吗?

蛙伯伯 我说的句句是实话。

丑小鸭 蛙伯伯,我将来是小天鹅,连我自己也没想到呀!

蛙伯伯 鸭大妈,你们嫌弃她,她的哥哥、姐姐欺侮她,就把她过继给我吧! 过继给我,我收她做义女,由我来培养,送她去国外留学。

鸭妈妈 也好,你们家条件舒服得多,就让您带着吧。他们兄弟姐妹在一起,从早到晚吵个不停,我难得操心。

蛙伯伯 一言为定。(拉着丑小鸭往外走)

鸭妈妈 (望着他们的背影)真的吗,这小东西会变成美丽的白天鹅? 怎么变哩? 变多久呢?

鸭 哥
鸭 姐 (跟着说)怎么变哩? 变多久呢? 妈妈,别管她了,我们回去吧。(同下)

[鸭哥、鸭姐嬉闹着走在前面。鸭妈妈不时回头仰望,念着:"丑小

鸭,丑小鸭,我的孩子⋯⋯"

二

[台上多了一张桌子、一条小凳。桌上有一只布青蛙、一瓶野花。
蛙伯伯拉着丑小鸭跳出来。

蛙伯伯 小宝贝,这就是你的新家,你在这里吃,在这里玩吧!

丑小鸭 (抱起桌上的青蛙,摸摸花)好的,蛙伯伯!

蛙伯伯 不,从今以后,不叫我蛙伯伯了,要改口,叫我爸爸。

丑小鸭 (一时叫不出口,不知说什么好)

蛙伯伯 (亲亲丑小鸭的额头)不要紧,会习惯的。

丑小鸭 (一下叫出声来,响亮地)爸爸! 爸爸!

[故事发生变化,以后不称蛙伯伯,也就叫蛙爸爸了。

蛙爸爸 (兴高采烈)我的好孩子,我去给你拿吃的。

丑小鸭 谢谢,我的好爸爸!

[蛙爸爸飞快走进里屋,又飞快拿出一袋食品,一件件往桌上摆。

蛙爸爸 你看,小宝贝,这是巧克力,最高级的,国外进口的。这是光明鲜
奶,每天早晚喝一瓶。这是奶油面包,还有香辣鸡爪⋯⋯

丑小鸭 这么多好吃的,香喷喷的。

[她好像口里伸出一双手来,大口大口地吃着,吃了这样喝那样。

蛙爸爸 我的乖孩子,掌上明珠,未来的白天鹅,慢慢吃,别呛着了。

[他又以青蛙惯有的速度跳进里屋,抱出一堆玩具往丑小鸭怀里放。

丑小鸭 这是什么? 刚买来的吗?

蛙爸爸 早就有了。我快40岁了,还是单身,我多么想得到一个孩子,早就给
她准备玩具了。这是悠悠球,这是电动玩具汽车,这是变形金刚,这
是⋯⋯我的小宝贝,你是尊贵的天鹅,应该享受特别的待遇。

丑小鸭 爸,天鹅是什么样子,我还没见过呢。

蛙爸爸 我知道,我告诉你。(象朗诵诗一样)天鹅的羽毛纯白光洁,天鹅
的脖子修长纤细,天鹅的姿态高贵优雅,天鹅的叫声:"克哩—克
哩—克哩",动听无比。

丑小鸭 （欢叫，跳跃）我是美丽的天鹅，是上帝赐给爸爸的礼物。我生来那样高贵，我要享受永恒的幸福。

［蛙爸爸陶醉了，在一旁轻轻地跳着、欣赏着。不一会，他的手机响了，接话。

蛙爸爸 喂，哦，是鸭大妈，你身体不舒服……你很挂念丑小鸭，要鸭哥、鸭姐来看看她……好的，好的。

［鸭哥、鸭姐摇摆着，"嘎嘎"着来了，十分欢喜。鸭姐提着竹篮，篮里有用纸包裹着的礼品。

蛙爸爸 （上前热情地迎接）鸭哥、鸭姐一齐来看丑小鸭了，欢迎，欢迎！

丑小鸭 （坐着不动，满脸不高兴）老爸，你又叫我丑小鸭了，我不是丑小鸭，我是高贵的天鹅。

蛙爸爸 是，是，是天鹅，高贵，你们一起玩玩，我去拿点好吃的东西招待小客人，就来，就来。（飞快地跳进里屋）

鸭　姐 （从篮里取出一个纸包递上）小鸭，这是我们送给你的干泥鳅，篮里还有虾子、小鱼，都是你最爱吃的。（嗅一嗅）特别香，是妈妈亲手烘干的。

丑小鸭 （一下把纸包扫到地上）我才不稀罕这些土玩艺儿，我有的是好东西吃。

鸭　姐 （低声，愧疚地）以前我们欺侮了你，对不起！

鸭　哥 今天天气晴朗，河边的杨柳绿了，桃花开了，我们一起捉鱼去吧？

丑小鸭 （傲慢地）没空，我有事要做。（旁白）我这么高贵的天鹅怎么跟这些下贱东西去玩，这不降低了我的身份？

鸭　姐 （生气）我们走！

鸭　哥 丑小鸭，你有什么本事，你不是靠着一个好爸爸吗？

丑小鸭 我就是有一个好爸爸，你们呢，你们有什么？

鸭　姐 我们再也不跟你玩了，就当我们没你这个妹妹。

［鸭哥、鸭姐气呼呼地走了。蛙爸爸端着一盘美味出来。

蛙爸爸 小宝贝，你哥哥姐姐呢？

44

丑小鸭　他们不愿意在这里玩，我留也留不住！

蛙爸爸　这糖果，你吃吧！

[丑小鸭一把一把糖果往口袋里装，狼吞虎咽地吃，包装纸随手丢在地上。

蛙爸爸　小宝贝，听着！你不光吃，还要努力学习。你姑爹在蛙大利亚教书，他给你办了手续，让你去那边读书。

丑小鸭　(仰起头，鼓起腮)没听清，到哪里去？

蛙爸爸　到蛙大利亚去，青蛙的"蛙"。

丑小鸭　(摇头)不去，不去蛙大利亚。

蛙爸爸　你要去哪里？

丑小鸭　我是天鹅，我要去天大利亚，到天开学校去读书。

蛙爸爸　手续已经办好了，花了很多钱，这是入学通知书。(亮出鲜红的一页纸)你必须去！

丑小鸭　我不去，老爸！你说，我是高贵的天鹅，怎么要去蛙大利亚？我想不通！(执拗地从蛙爸爸手中抢走"通知书"，撕碎，哭着，抛往空中)

蛙爸爸　(气得发抖，掏出手机，向鸭妈妈拨电话)喂，鸭大妈，你好，我拿你的孩子没办法，实在没办法，快来一趟吧……什么？不来！(手捂额头，几乎晕倒)

丑小鸭　(急了，上前扶住爸)你没事吧，爸！

蛙爸爸　(费力地稳住)小鸭，我不能太激动，一激动就头昏眼花，老毛病了。我喜欢坐井观天，我还是回井里，静下心来，研究学问去。我什么都不愿意管。我走了，你自己谋生去吧。(心灰意冷往里走，头也不回)

丑小鸭　(流泪)爸……我怎办呢？(挪动脚步，感到脚有千斤重)我，我怎么走不动了？我发胖了。除了胖以外，我的羽毛还是灰灰的，嘴巴还是大大的，模样还是那样丑。我的妈妈老了，哥哥、姐姐不理我了，蛙爸爸回井里养生去了。我没有谋生的本事。安徒生爷爷，你让我安安稳稳地睡吧，睡梦里什么也不需要了。(坐到凳上，埋着头,发出轻微的呼吸声,讲梦话)我完了,什么都完了。

[瞬间,蛙爸爸跳了出来,鸭妈妈牵着鸭哥、鸭姐蹦了出来,叫起睡眼朦胧的丑小鸭,向观众挥身致谢。一齐说:"小朋友们,我们刚才表演的故事,你们喜欢吗?"

(剧终)

参考四年级小朋友李炅霖的作文《丑小鸭之死》编写。

鹬蚌相争(童话歌舞剧)

梁阜球　刘胜娥　余　清

时　间　古代。

地　点　易水河边。

人　物　水鸟、河蚌、渔翁。

[渔翁满脸风霜,胡须飘动,戴草帽,系鱼篓,背蓑衣,肩搭渔网,一步一颠走出来。

渔　翁　(唱)我老汉,六十多,

一生常把鱼来捉。

没事就在河滩转,

从来嫌少不嫌多。

捉得多,拿去卖,

拿去卖——

[场外音:"捉少了,那又怎么样呢?"

渔　翁　捉少了嘛,只怕老伴来骂我,来骂我!

[渔翁将网撒开,慢慢收拢。一看,什么也没捞着。

[风吼。远处传来水鸟叫声:"嘎——嘎——"

渔　翁　（手掌遮眼远望，笑）嗨，运气来了！

　　　　　（唱）阳光照，和风吹，

　　　　　　　　一只水鸟向这边飞。

　　　　　　　　待我暗处躲一躲，

　　　　　　　　一定抓到这美味。

　　　　　［渔翁藏到一旁，悄悄观望。

　　　　　［水鸟舞动翅膀飞来了。胸前贴有"鹬"字，体色暗淡，嘴细长。

水　鸟　（唱）水鸟我，多自由，

　　　　　　　　易水河边任我游。

　　　　　　　　游到东，游到西，

　　　　　　　　沙滩上面遛一遛。

　　　　　　　　一会展翅腾空飞，

　　　　　　　　一会水面乐悠悠。

　　　　　　　　小鱼、虾子是美食，

　　　　　　　　翠鸟、白鹭是朋友。

　　　　　［场外音："那你的敌人呢？"

水　鸟　敌人？我年纪小，不知道，老师没有告诉我。

　　　　　［水鸟正高兴，渔翁奔出，一网向她撒去，水鸟惊叫一声，逃脱。渔
　　　　　翁追赶水鸟，绕一大圈。水鸟展翅飞了。

渔　翁　水鸟逃了，人累了。待我歇息一会再收拾她。

　　　　　［坐下来喘粗气。不久，打起盹来。

　　　　　［河蚌登场。她的装扮像民间戏曲中的蚌壳精：人在中间，两手操
　　　　　持蚌壳，开、合自如；隶书"蚌"字，对称地排列在左右蚌壳上。

河　蚌　（唱）外面世界多广阔，

　　　　　　　　爬出水来多快活。

　　　　　　　　风风雨雨刚刚过，

　　　　　　　　太阳出来好暖和。

　　　　　　　　白云天上飘，

47

河水泛清波。

碧螺作伴跳个舞，

青蛙弹琴唱支歌。

[河蚌轻歌曼舞。同时，渔翁听到声响，打呵欠，伸懒腰，慢慢站起。

渔　翁　(看到河蚌，即刻精神振作)老汉我，真有福！水鸟才走脱，老天爷又送来个大礼物。这回，一定要把她抓住。

[趁河蚌没防备，渔翁轻轻地从后面逼近。正动手，河蚌发觉，变成正面交锋。渔翁向河蚌撒网，网被蚌壳紧紧夹住。渔翁用力扯，河蚌突然将壳松开，渔翁摔倒在地。

渔　翁　哎哟哟，这蚌壳精好狡猾，我回去喝了酒，再来制服她！(揉着屁股回家去了)

河　蚌　(唱)打鱼老头想害我，

屁股摔伤网也破。

现在我放心晒太阳，

看他老头奈我何！

[河蚌面对观众，仰头向后舞蹈，作晒太阳的样子。

[水鸟飞来，间或扇动一下翅膀，筋疲力尽的神态。

水　鸟　(唱)打鱼老头想捉我。

我展翅一飞就逃脱。

逃到南，游到北，

肚子空空实在饿！

[水鸟远远看到张开壳的河蚌，快乐地跳起来。

水　鸟　有办法，有办法，那鲜嫩的蚌肉正好做我的午餐！

[水鸟迅速向河蚌飞去，用长嘴去啄河蚌的肉。河蚌连忙将壳闭合，钳住水鸟的嘴。两方相斗，你进我退，你退我进，谁也不肯相让。

水　鸟　(恶狠狠地)赶快放开我，今天不下雨，明天不下雨，你没法活！

河　蚌　(毫不示弱)今日不放你，明日不放你，你也活不成！

[渔翁七倒八歪走出来。

渔　翁　哎呀,倒霉呀倒霉!

（唱）今天运气真不妙,

一点收获也没有。

老伴骂我没得用,

我忍着性子往外遛。

喝了酒,我劲头足,

不捉到河蚌不罢休。

[渔翁看到河蚌与水鸟相斗的情景,即时闪到一旁,偷偷观察动静。

渔　翁　斗得好,斗得好! 机会来了,看我毫不费力把她们抓到手!

[渔翁盯住目标,摆开张网的架势;时机一到,用力撒开,将河蚌与水鸟双双罩在网里,并迅速用绳索绑住它们,拖着走。水鸟惨叫。

[台后伴唱:

鹬蚌相争不相让,

结果两者都遭殃。

看来和睦最可贵,

大事小事放眼量。

（剧终）

游子吟（古代版。话剧）

梁阜球　吴小妤

时　间　1200多年前,唐代贞元年间。

地　点　浙江湖州的一个农村小镇。

人　物　母亲　70余岁,农村老姬。

儿子　孟郊,近50岁,贫寒知识分子。

49

一

[春夜。三更时分。

[一张方桌，一盏油灯，两条木凳。桌上有书籍、纸、笔、砚池之类。

[母亲捧着包袱慢步走出来，坐到桌旁，打开包袱，找出针线，取出需要缝补的衣服，挨到油灯前，眯着老花眼，吃力地穿针引线。

[儿子拿着一本线装书念着，走到母亲对面坐下。

儿　子　(看到母亲费神的样子，亲昵地说)母亲，让我来穿针吧！(接过母亲针线，一阵才穿好)母亲，您今日劳累了一天，就早点休息吧！这点儿针线活，我也能勉强做的。

母　亲　儿呀，你明日就要去溧阳当县尉了，那是管理全县治安的官，责任可不小。那里离我们湖州又这么远，我总不放心！

儿　子　母亲，我是快五十岁的人了，我会料理自己的。

母　亲　我不放心的不是这点，我担心……

儿　子　您尽管说就是，担心什么呀？

母　亲　我担心，你的性情和娘一个样，太直率，太倔强，对不公平的事总看不惯，只怕到那里，你和县令合不来。

儿　子　母亲担心的有道理，儿尽力注意点儿就是。

母　亲　你能注意就好了，我这就给你缝补衣服，多缝一会，心里就感觉踏实些。(拣出一件上衣，专注地一针一针地缝着)

儿　子　(深情地望着母亲给自己缝补衣服，有所触动，深思一会，挥笔在纸上写着，念出声来)慈母手中线，游子身上衣。临行密密缝，意恐迟迟归。谁言寸草心，报得——报得——(手托腮帮，沉思。站起，灵感爆发，扬手，大声朗诵)谁言寸草心，报得三春晖。(反复)

母　亲　(停下手中针线活，抬头)写了什么好诗？看你得意的！

儿　子　母亲，我念给您听！(朗诵，用手势助表达)慈母手中线，游子身上衣。临行密密缝，意恐迟迟归。谁言寸草心，报得三春晖。

母　亲　有些地方我不太懂。

儿　子　母亲，我动身前的夜晚，您这样密密地给我缝补衣裳，生怕我要过很久才回来,谁能说儿女的那一点点孝心,能报答父母像春日阳光一般的恩情?

母　亲　（感动。扯起衣角擦泪）你的诗写到我心窝里去了,一定会有许多人喜欢,一定会世世代代传下去的。

[户外清晰的更声传来。锵——咚、咚、咚,锵——咚、咚、咚……

儿　子　深更半夜了,您太辛苦了,还是好好休息去吧!

母　亲　儿呀,我总是不放心,总在牵挂什么!

儿　子　母亲,今晚好好睡,明日再说吧!

[儿子扶持母亲走向里屋。

二

[次日早晨。鸡叫声由远至近。

[儿子背着行囊,拿着雨伞兴冲冲地走出家门。

儿　子　（回忆起四年前他中进士后所作的诗句,边走边哼唱）春风得意马蹄疾,一日看尽长安花。（两遍）

母　亲　（手拿一件布衫急匆匆地追出来）儿呀,你有件衣服忘记带了,娘给你送来!

儿　子　母亲,难为您了!

母　亲　儿呀,我总放心不下,昨晚我睡不着,偏偏做了个恶梦,就更不放心了。

儿　子　（顿时心冷）母亲,您梦见了什么?

母　亲　我梦见,你到了溧阳,那县令凶神恶煞的,你拗他不过,每日去到小林里、溪水边诵读诗文,不管公事,县令就想撤换你。要是真那样,你就回家种田吧,照样穿衣吃饭。

儿　子　真是儿行千里母担忧。我考了三次进士,46 岁才考上,好不容易才当上这么个小官,不管怎样,我还是去试试吧!

[母亲立住。儿子三步一回头地看她,亲情难舍。

[同时,歌声在空中荡漾。

慈母手中线,游子身上衣。

临行密密缝，意恐迟迟归。

谁言寸草心，报得三春晖。

[儿子不见了，母亲还呆呆地站在那里，望着远方。

（剧终）

据上海古籍出版社《唐诗三百首新注》有关孟郊介绍编写。

游子吟（现代版·话剧）

梁阜球　李显雄

时　间　2007年暑假中的一天，傍晚。

地　点　湘西山区。

人　物　小强　12岁，六年级学生，留守儿童。

　　　　奶奶　近70岁，农妇。

　　　　爸爸　30多岁，农民工，因工受伤，暂在家疗养。

[一张桌子几条凳。小强用的教科书、作业本、文具等胡乱地放在桌上。

[小强拿着步步高复读机唤着"爸爸"走出来。

小　强　爸爸，爸爸……（往里瞧）爸爸还没回来？奶奶呢？

[小强见家里没人，便坐到桌旁，将复读机置于桌上，拧开开关。复读机里播放出小强刚录上的唐诗："慈母手中线，游子身上衣。临行密密缝，意恐迟迟归。谁言寸草心，报得三春晖。"小强听到自己的声音，觉得好玩，甜甜地笑，接着听英语："One World, One Dream!"

奶　奶　（提着一篮蔬菜一瘸一拐上）小强，你在玩什么呀？

小　强　（忙起身，接过奶奶的蔬菜，放到桌子下，将复读机递给奶奶看）

奶奶,隔壁冬冬从城里读书回来了,买了这个。他告诉我怎么用,我一下就学会了。

奶　奶　(拍拍小强的脑袋)孙儿真聪明。

小　强　奶奶,您也录几句话吧!

奶　奶　我不讲,你借别人的,我讲坏了,难得赔!

小　强　没事,您就随便说几句吧!

[小强将复读机拨弄一下,送到奶奶前。

奶　奶　好,我讲:(一本正经,清清嗓子,高声)小强,你要发愤读书!还有,观音菩萨保佑,你爸爸身体早日复原,多赚钱,把账还清。

[小强很快按一下复读机的键钮,即放出奶奶的原声。奶奶感到新鲜,不觉笑出声来。

小　强　奶奶,这东西好玩吧?

奶　奶　有味道。

小　强　奶奶,奶奶,(想说什么又忍住)奶奶,我也要买一部这个。

奶　奶　好,这么个小东西,十多块钱够了吧?

小　强　十多块少了,起码要 100 多元。我问了冬冬,最好的要 400 多元。

奶　奶　要 100 多,哪买得起!电视机坏了,还没钱修呢!

小　强　(拉着奶奶的手,央求)奶奶,别的什么我都不要,就买这个,好吗?

奶　奶　你这孩子!

小　强　我不是为了玩。冬冬说,复读机的用处大着呢,能帮助我学习。

奶　奶　你这孩子,真不懂事!我们家里正困难。你爸爸的手在厂里受了伤,动了大手术,花去几万元,借傅伯伯 3000 多元,他等着要用呢!

小　强　老板不是赔了钱吗?

奶　奶　赔的钱太少了,连医药费都不够。要吃,要来回路费。

小　强　妈妈还在那里打工嘛!

奶　奶　你妈妈能挣多少钱!我们在家里也要吃、穿,人情南北,开支不小。

小　强	奶奶，我们现在上学，免了学杂费，就拿交学费的钱买复读机吧！
奶　奶	你这孩子，老是跟奶奶斗嘴有什么好处。告诉你了，我们家里现在没钱。有钱的话，还不给你买吗！
小　强	（真的哭了）哇——（抱着复读机，撅着嘴走了出去）
奶　奶	天快黑了，你还往哪里走？
爸　爸	（受伤的左手臂绑着纱布，吊在脖子上；右手持棕丝斗篷，愁眉苦脸上）妈妈，小强呢？
奶　奶	小强刚出去。他缠着我硬要买什么复读机，目前哪有钱买这东西。
爸　爸	可惜钱紧张。要是有钱给他买一部也好。他的班主任老师说他读书还是很认真的。
奶　奶	治伤更要紧。你的伤怎样了？ 留得青山在，不怕没柴烧。
爸　爸	今天到医院检查，医生说手术很成功，过几天就可以拆线了。
奶　奶	那好，菩萨看顾！ 还欠医院多少钱？
爸　爸	除去农村合作医疗报销的部分还欠 15000 多元。
奶　奶	借老傅那 3000 多元，他今天又来讨了一次。
爸　爸	怎么办呢？
奶　奶	怎么办呢？
	[正为难时，小强唱着歌兴高采烈从外面跑了进来。
小　强	奶奶，（转向父亲）爸爸，您回来了！
奶　奶	碰上什么好事，这么高兴？
小　强	我刚才在冬冬家里看电视，偶然看到，有特好消息，跟我们家有关的，我看得懂。
爸　爸	什么好消息？
小　强	就是爸爸、妈妈打工的那个地方——广东佛山，出了个全国有名的法官，公正的法官，为农民工讲话，是位阿姨。
爸　爸	（又惊又喜）真的？

小　强	真的,她姓黄,具体叫什么名字,我忘记了。反正,按照政策,爸爸受了伤,厂方赔给爸爸的钱,应该加一倍。
爸　爸	你看清了没有?
小　强	我很注意,看清了的。
奶　奶	只怕没有那样的好事! [这时,爸爸身上的手机响了,小强争着要接,爸爸不让。
爸　爸	(和对方通话)淑英,你好……你在超市打电话……好的……
小　强	是妈妈打电话来。
爸　爸	(向小强示意,要他别作声)哦,工伤赔偿问题,刚才小强在电视里看到了消息,我们将信将疑……哦……好的,太好了(接完电话,笑容满面)
奶　奶	淑英讲了些什么?
爸　爸	她说,她去见了黄法官,讲了我的受伤情况。黄法官很亲热,一点架子也没有。根据国家规定,通过黄法官力争,我们在佛山打了两年以上的工,受伤赔偿应和当地人一样,同等对待。这样,赔偿金确实加了一倍。淑英要我马上去一趟,把有关证明、验伤的照片带去。
奶　奶	你的伤没完全好,天气又热……
爸　爸	没问题,明天就动身吧。赶早乘汽车去怀化,再搭去广东的火车。
奶　奶	我这就给你收拾行李去(快步走进里屋)。
爸　爸	小强,我和你妈都不在家,你要听奶奶的话。我到广东,从那里给你买部复读机回来。
小　强	(拍手)好呀!
奶　奶	(提着一个旅行袋上,边走边从里面翻衣服)小强,快去把针线包找来,你爸爸这件衬衣只剩一个钮扣了,我要给他全钉上。 [小强瞅了一下袋子,发现针线包就在袋子里,即掏出。
小　强	奶奶,给您!
奶　奶	(笑)我都糊涂了。(将衬衣在面前晃一晃)这衣服是全棉的,旧是

精彩的故事演出来

旧了点，可穿着舒服。

[奶奶戴起老花眼镜，一针一线钉钮扣。

小　强　（看到奶奶专注的神态，若有所思）奶奶，您这样子，和我们课本里的一幅插图很相像。

奶　奶　课本里说了什么？

小　强　课本里说，儿子要出远门了，母亲担心，临行前给他密密地缝补衣裳，把自己的感情融化在那一针一线里。

爸　爸　是呀，只有母亲心里时常装着儿子，母亲的恩情，做儿的永远也报答不完。

奶　奶　（放下手中的活）娘老了，活一年，算一年，你们才是我的心肝宝贝。你这次外出，伤还没好，千事万事，人是大事。只要你身体没问题，小强学习好，娘就心满意足了。还有，有钱了，记得给小强买部——

爸　爸　我知道了，买部复读机。

[奶奶继续钉钮扣，线拉得长长的。

小　强　（动情地朗诵）慈母手中线，游子身上衣……

爸　爸　（抑制不住心情的激动，和儿子同时）谁言寸草心，报得三春晖。

（剧终）

2008 年初夏

我国科学巨星、"航天之父"钱学森提出："处理好科学和艺术的关系，就能够创新，中国人就一定能赛过外国人。"我们想，我们可以以编演课本剧为手段，打通文、理、艺的壁垒，让学生接受艺术薰陶，让创新的学风弥漫校园。为了民族振兴，我们共同来探索吧！

空城计（木偶剧）

梁阜球　吴小好

时　间　公元228年，三国时期。

地　点　魏国西城，咽喉要道。

人　物　诸葛亮　蜀国丞相，47岁。

　　　　司马懿　魏国将军，49岁。

　　　　司马昭　司马懿次子。

　　　　场外人

布　置　讲台上呈"一"字形横放两摞书，之间隔一段小距离。用硬纸板画的西城城门置于书前，城门大开。

场外人　同学们：金鹰卡通里的青蛙哥哥说，"学习很有趣，我爱课本剧。"下面我们来演出布袋木偶剧《空城计》。这个剧里的主要人物是大家熟悉的诸葛亮，（出示套在左手上的木偶）还有诸葛亮的对手司马懿及其儿子司马昭。（出示套在右手上的双面木偶）大家看，前面是父亲，背面是儿子。（隐去）现在有请蜀国丞相，了不起的政治家、军事家、中华民族智慧的化身诸葛亮先生跟大家说话。

诸葛亮　不敢当，不敢当，我没什么了不起的。我今年1830岁了。回想当年，我摆空城计，那是万不得已呀！司马懿15万大兵，浩浩荡荡，兵临城下；而我能用的兵只有2500人，又没有武将，怎么能硬拼？如果我弃城而逃，也逃不了多远，就会被司马懿捉住。造成这个局面，是我的错呀！（欲哭）我错用马谡，失了街亭。（哭出声来）

场外人 孔明先生,您就别伤心了。当时军情那样紧急,您临危不惧,冷静分析,巧用空城计,吓退司马懿,我们后人很佩服。请休息去吧!

诸葛亮 惭愧,惭愧,愧对先主刘备呀!(隐去)

场外人 (举起套在右手上的木偶)同学们,这就是大名鼎鼎的魏国将军司马懿,他夺取街亭后带领15万兵马来到诸葛亮所在的西城。现在请他回忆回忆。

司马懿 是的,是由我来对付诸葛亮。我很了解他。他一生谨慎,生怕有失,从不冒险。他正是抓住了我这一心理用了空城计,成功了。诸葛亮料事如神,胆识超人,我司马懿自愧不如呀!

司马昭 父亲,您怎么这样长别人志气!当时我就料定,诸葛亮没有兵,是故意这样迷惑我们。要是依了我的,就杀了进去……

司马懿 (发怒)给我闭嘴!你打过几次仗,就这样跟我说话。带兵打仗,小心谨慎为好。如果冒冒失失进城,万一中了敌人的埋伏,中了埋伏,怎么得了!

司马昭 您过于谨慎,只以为自己正确,所以失了良机。

场外人 好好好,你们父子也不要争了。这都已成为历史,我们把故事演出来,给同学们看吧。

[音乐声起。收录机播放老版《三国演义》片头曲:"滚滚长江东逝水,浪花淘尽英雄……"音乐声从强到弱,似乎飘回那遥远的古代。

场外人 同学们,学习很有趣,我爱课本剧。课本剧让平面的教材立起来,让黑白的文字鲜活起来,让枯燥的教室变成生动的舞台。

诸葛亮 (慢慢出场。登上城楼,张望远方)我有错呀,我不该派马谡去守街亭!记得先帝病危时对我说过:"马谡这个人死背书本,好讲大话,不可重用。"今天果然应了这句话。诸葛亮呀诸葛亮,情况越是紧急越要冷静。

场外人 (胆战心惊)丞相,丞相,您看到了没有?远方尘土飞扬,魏兵正分两路向西城杀来。他们有15万人马呀!赶快紧闭城门,准备抵抗吧!

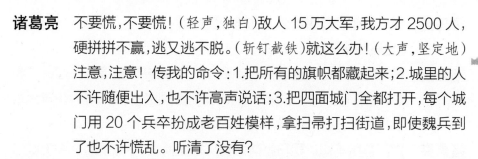

诸葛亮 不要慌,不要慌! (轻声,独白)敌人 15 万大军,我方才 2500 人,硬拼拼不赢,逃又逃不脱。(斩钉截铁)就这么办! (大声,坚定地)注意,注意! 传我的命令:1.把所有的旗帜都藏起来;2.城里的人不许随便出入,也不许高声说话;3.把四面城门全都打开,每个城门用 20 个兵卒扮成老百姓模样,拿扫帚打扫街道,即使魏兵到了也不许慌乱。听清了没有?

场外人 听清了。照丞相的吩咐办,照丞相的吩咐办!

诸葛亮 (转身向里走几步,侧身传令)把我的鹤毛大衣拿来,把丝织头巾拿来。

场外人 是。

诸葛亮 来两个孩童,带上瑶琴、美酒。

场外人 是,丞相!

诸葛亮 (披大衣,戴头巾,登上城楼,恭敬地向上天叩头。用豫剧唱腔或念)

　　数十年我从来谨慎,

　　恨只恨马谡失街亭。

　　不得已用了空城计,

　　求先帝要大显神灵。

[坐定。饮酒弹琴。悠扬的琴声打破了寂静。

场外人 司马懿的魏军来得好快呀! 没多久就到了城下。他们止住脚步,连忙向司马懿报告:"将军,好奇怪,西城四面城门大开,诸葛亮坐在城楼上喝酒弹琴,轻松自得,没事人一般。"

司马懿 (扬鞭跃马上场)哈哈哈,我才不信呢,待我仔细看看。(观望。像是边想边说)真的,诸葛亮正在饮酒弹琴,手拿扫帚的是老弱残兵,这叫我心里怎不生疑惑,城里面肯定有伏兵。(高声)传我的命令:所有人马向后撤退 40 里!

司马昭 父亲,为什么要撤退? 只怕是诸葛亮没有兵,故意做出样子来迷惑我们。

司马懿 你小小年纪懂得什么，快快后退就是！

[司马懿父子下。

场外人 司马懿的兵马撤退了。好险呀！这时诸葛亮才觉得冷汗湿透了衣背。左右官员们问："丞相，司马懿是魏国名将，如今带 15 万大军攻打过来，见了您为什么退得这样快？"

诸葛亮 你们有所不知。司马懿认为我从来谨慎，决不敢冒险。今天城门大开，他就会怀疑有埋伏，所以很快地撤退了。其实我倒不想冒险，实在是万不得已呀！

场外人 丞相英明，胆识超人。佩服，佩服！

[木偶们向观众致谢。

（剧终）

2011 年 5 月

据湘教版《语文》四年级下册同名课文改编。

猴哥结巴（童话剧）

梁阜球　吴喜平

人　物　小熊、猴哥、猴二、猴不三、猴不四。

时　间　不一定，同类的事可能随时在身边发生。

地　点

[小熊上场。背书包。慢吞吞，不性急。一边啃带叶的小竹子，一边翻《增广贤文》。他天生口吃，背书断断续续，很吃力，但就是喜欢背，越背越流利。

小　熊	（走到台前，清清嗓子，摇头晃脑背起书来）昔、昔时贤文，诲汝、汝——诲汝谆谆。集韵、集韵增广……我，我叫小熊，喜欢背书。

[像给小熊示范似的，远方传来了孩子们的读书声，清晰嘹亮："昔时贤文，诲汝谆谆。集韵增广，多见多闻。观今宜鉴古，无古不成今。"伴随读书声，小熊扭动身躯，踏步，十分可爱。

小　熊	读书须……须用意，读书须用意，一字值千金。

[猴哥出来了，猴二尾追其后。轻手轻脚，探头探脑。小熊没发现他们，只顾自己背书。

小　熊	路遥知……知马力，日久见人心。知己知彼，将心比心。
猴　哥	猴二，猴二，快来看。
猴　二	猴哥，看什么？
猴　哥	你看，小熊躲在那里背书呢！
小　熊	根——根……根深不怕风摇动，树正不愁、不愁月影斜，树正不愁月影斜。
猴　哥	（指着小熊）他，是新转到我们班来的小熊。
猴　二	笨笨熊！
猴　哥	他口吃，是结巴，结巴子，半天憋不出一句话来。
猴　二	他上课不敢回答老师的提问，平时不和同学们一起玩。
猴　哥	（拉着猴二）我和猴二最喜欢戏弄他，取笑他。
猴　二	逗他玩，真开心。

[猴们猛不防几步跳到小熊正对面。小熊惊一跳，打个哆嗦。

小　熊	你……你们，又……又是你们。
猴　哥	又是我们，怎么样？
猴　二	（挖苦）你独个儿躲在这里背书，有——志气，有——前途，怎么不背了呢？
猴　哥	（学小熊）根……根深不怕风摇动，树正不愁、不愁、不愁、（夸张，放连珠炮一样）不愁、不愁、不愁……

小　熊　（不理他们，头偏向一边）

猴　哥　（快活地念）小熊小熊结巴，（指着自己的鼻子）叫我一声爸爸。从此就会说话，不再结结巴巴。

猴　二　叫他爸爸呀，叫他爸爸有好处。他的太爷爷是孙悟空，法力无边。

猴　哥　叫呀，结巴结巴，叫我爸爸！

小　熊　（气不过，无法忍受）你、你、你们，大坏蛋！大……大坏蛋！（越急越说不出）

猴　们　嘻，嘻，嘻……我们就是大坏蛋，开心的大坏蛋！

[小熊躁了，走近猴哥，脚踢，踢不着。丢了小竹，顺便从书包里抽出空的王老吉瓶子向他们打去，没打着。气头上，胡乱从书包里翻出小铁盒向他们扔去。杂七杂八的小玩艺抖了出来，猴们乐得直跳。猴二拾起其中一个精美的小哨子，吹几声。那是小熊心爱的玩具。

小　熊　给……给我，还……还给我！

[小熊奔向猴二，扑个空。猴们喜得翻跟头，一溜烟跑了。音乐声中，小熊边拾小玩艺，边揩眼泪，悻悻而去。猴们跟在后面，得意地走了。

[音乐声从低沉到明快。

[公鸡的叫声迎来了新的一天，迎来了小熊略带口吃的读书声："人……人生一世，草生一春。一年之计在于春，一日之计在于晨。"

[小熊手持《增广贤文》有节奏地摇着，一边背书一边向前走。"莺花犹怕春光老，岂可教人枉度春。一寸光阴一寸金，寸金难买寸光阴。"

[树上鸟儿在鸣叫，小熊停下来静听。那是一种赞美的吟唱。小熊在婉转的鸟鸣中漫舞。"美不美，乡中水。亲不亲，故乡人。近水知鱼性，近山识鸟音。"小熊随口背起书来，那是他从心底发出对小鸟的答谢。

[大自然和谐的合唱中，突然掺杂了一种刺耳的口哨声。啊，又是

顽皮的猴儿来了。他们乱哄哄的，一个个挤眉弄眼。除了猴哥、猴二，还有猴不三、猴不四。他们挨到小熊周围，有的拎他的耳朵，有的在他头上摸几下。

小　熊　（不理睬，镇静地背书）宁可正而不足，不可邪而有余。欺人是祸，饶人是福。

猴　二　你还嘴硬，你还没叫爸爸呀，还不快叫！

小　熊　人恶人怕天不怕，人善人欺天不欺。

猴　二　猴不三，猴不四，你们该做什么？

猴不三、不四　（齐拍双手，齐叫）小熊小熊结巴，快叫一声爸爸……

小　熊　（不示弱）我不结巴了，我能流利地读书。（愤愤地指着猴们）养子不教如养驴，养女不教如养猪。

猴　哥　（蹿到小熊正对面）你好大的胆，还骂我们！（舌头伸得长长的，做鬼脸，做怪动作，企图激怒小熊）

小　熊　（心平气和）忍得一时之气，免得百日之忧。人无远虑，必有近忧。（大声，有力）人无远虑，必有近忧。
　　　　　〔猴哥感到危险降临，感到舌头硬硬的，缩不进去了。只能"嗳——嗳——"

猴　二　（走近猴哥，看舌头，观脸色，突然惊叫起来）不好了，不好了，猴哥的舌头缩不进了。

猴　哥　（哭丧着脸，点头）嗳——嗳——

猴不三、不四　（凑近猴哥观察一番，一齐惊叫）不好了，不好了，猴哥的舌头进不去了。

小　熊　（扫猴们一眼）善有善报，恶有恶报。不是不报，日子不到。

猴　二　（不服气，向小熊吐口水）呸！

猴不三、不四　（学猴二的样）呸，呸！

小　熊　善有善报，恶有恶报……（背书，向里走）

猴　二　（安慰）猴哥，别哭，别着急！（轻轻拍脑袋）我想出了好办法，妙，妙！

猴　哥　（舌头露在外，连连点头，像鸡啄米）嗳——嗳——

猴　二　（命令）猴不三、猴不四，快去找根棍子来。

[不三、不四很快从里屋寻来一根米把长的小木棍，交给猴二。

猴　二　猴哥，你站好，站得稳稳的，别动！

[猴哥站定。猴二用木棍的一端顶住猴哥的舌头，自己双手握住木棍的另一端用力向前顶。猴不三站在猴二后面，双手顶住他的背。猴不四用同样的姿式顶住猴不三的背。三猴齐心合力向前顶。

猴　二　（指挥）注意，大家一齐用力。一、二、三！

猴　们　（齐声）嗨！

[猴们的力气没白费，猴哥的舌头终于顶进去了。他定定神，摸摸嘴，想到要向猴们表示谢意。

猴　哥　谢、谢……（急得捶脑袋、捶屁股）谢……

猴　二　（大惊失色）不好啦，不好啦，猴哥成了结巴啦！

猴不三、不四　（跟着喊）不好啦，不好啦，猴哥成了结巴啦！

猴　们　（悲伤）不好啦，不好啦！（齐拉猴哥的手）猴哥成了结巴啦！猴哥结巴，结巴猴哥！

猴　二　唉，怎么会这样呢？

猴不三　我知道了。听说小熊的姑奶奶是观音菩萨，她会施法术，准是她把猴哥弄成结巴了。

猴不四　没错，我们的太爷爷孙悟空谁都不怕，就怕观音菩萨施法术。

猴　二　糟糕了，我们不该捉弄小熊，有什么办法，快逃吧。

猴　哥　逃……逃……

[猴儿们一点也不神气了，躲的躲，溜的溜，一齐逃下。

[听，是谁追上来了？ 他在放声喊："猴哥、猴二、猴儿们……"声音很熟。

[原来是小熊，他腋下夹着一个包裹，包装布已脱下一部分，露出一个"器"字。他在寻找猴儿们。

[猴们慌慌张张地溜出来，小熊在后面追。

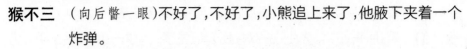

猴不三	（向后瞥一眼）不好了,不好了,小熊追上来了,他腋下夹着一个炸弹。
猴　二	（瞄准"炸弹"注意看）不,不是炸弹,是什么新式法器,观音菩萨给他的。（猴们溜了）
小　熊	（停下,喘粗气）我不追了,找个地方藏起来,等他们来了,我就——（很快隐去）

[猴们七零八落地走出来,他们以为把小熊甩掉了。谁知,小熊一眨眼出现在猴哥面前,紧紧拉住他的手。

猴　哥	你……干……干什么?
小　熊	我要送一件礼物给你,真心实意的。（不一会解开了包裹的包装布,这是一台精制的口吃矫正器）
猴　哥	（左看右看矫正器,内心触动）真……真的吗?
小　熊	这是我姑爹从南海寄来的口吃矫正器。我不口吃了,转送给你,拿着吧!

[猴们很好奇,很感动。口吃矫正器在他们手中传递着。你摇我看,点头弯腰。

猴　二	小熊的人品真好,又有学问,配当我们的先生。
猴不三、不四	小熊先生,你就教我们读《增广贤文》吧。
猴　们	（齐）我们喜欢读《增广贤文》,我们拜你为师。（深深一鞠躬）
小　熊	好,大家跟我读:昔时贤文,诲汝谆谆。集韵增广,多见多闻。
猴　们	（齐声,响亮,猴哥对着口吃矫正器）昔时贤文,诲汝谆谆。集韵增广,多见多闻。
小　熊	人生一世,草生一春。为一大事来,做一大事去。捧着一颗心来,不带半根草去。
猴　二	（疑惑地）小熊先生,我麻着胆子提个问题。
小　熊	不打紧的,问吧。
猴　二	先生教的后面两句,好像不是《增广贤文》里面的。
小　熊	你问得好。我的老师说了,增广贤文,贤文就是良言、好话,如果

精彩的故事演出来

自己读到听到了什么良言,可以记下来,增进去。

猴　们　啊,原来如此。先生说的对,我们记住了。人生一世,草生一春。为一大事来,做一大事去。捧着一颗心来,不带半根草去。(微笑,高声)捧着一颗心来,不带半根草去。

小　熊　猴哥,你单独读一遍。

[猴哥恭恭敬敬地读一遍:"人生一世,草生一春。……"]

猴　们　(欢天喜地)好啊,猴哥不结巴了,谢谢小熊先生!

(剧终)

2011 年 10 月

　　　　孩子们从戏剧中学到的东西,即使在他们离开学校多年以后,依然可以产生深远的影响。

雷夫·艾斯奎斯

幸福是什么(A 版。童话剧)

邓跃军　梁阜球

时　间　十年前的今天。今天。

地　点　南方。大山腰上的小山村。

人　物　挑水的村民林婶和山妹子。

　　　　看牛伢阿仁、阿信和阿义。

　　　　智慧女神。

[村民林婶和山妹子挑着水桶从左右不同方向走出来,相互打招呼。

山妹子　（亲热地招手）林婶，好久没见到你了，清早来挑水呀！

林　婶　（走近对方，打量）大概一年不见了，山妹子，看你，越长越漂亮了，差点认不出来了。

　　　　［两人走一圈，眼睛搜索着。

山妹子　林婶，你看，到处是枯枝败叶，井哪里去了呢？

林　婶　满地是羊粪，怎么这样不讲卫生！

山妹子　几个月没来挑水，井给堵死了。

林　婶　公家的事大家都不管，有什么办法！

山妹子　到别处挑水去吧，只好多走里多路。

林　婶　唉，饮水问题要拖到什么时候才能解决！

　　　　［两人埋三怨四从原路下。

　　　　［坳背后走出三个看牛伢。他们手持竹枝赶牛，吆喝着："号——嘻，号——嘻。"不一会，唱起山歌来：

　　　　太阳落土十三黄，

　　　　牛婆带崽过丝塘。

　　　　牛婆爱吃丝塘草，

　　　　看牛伢爱吃爆花糖。

　　　　哦——喂！

　　　　［唱完，又发出吆喝声。随后，各人从口袋里掏出零食来吃。阿仁有蒸红薯片，阿信有炒蚕豆，阿义带了玉米爆花。三人吃着笑着，有滋有味。

阿　仁　口干了，井边喝水去。

阿　仁
阿　义　那边有井，泉水清凉。

阿　仁　（边走边寻，用脚扫一下）井哪里去了呢？尽是枯枝败叶。

阿　信　（倡议）我们几个动手，把这口喷泉往深处挖一挖，再把泉水清理一下，砌一口井，行吗？

67

阿　信
阿　义　（快乐地响应）好，我们明天就行动吧！

[三看牛伢甩动竹枝赶牛，发出吆喝声。同下。

[场上歌声起："幸福在哪里呀，朋友呀告诉你。他不在柳荫下，也不在温室里。他在辛勤的工作中，他在艰苦的劳动里。啊，幸福就在你晶莹汗水里……

[三看牛伢伴着歌声出场。阿仁、阿信肩着锄头，阿义拿着铁锹和竹制的小水勺。他们用舞蹈语言表达辛勤而愉悦的劳动过程。他们扒开树枝、树杈，疏通泉眼，挖出一条小水沟。累了，擦擦汗。青山露出笑颜，泉水潺潺流淌。他们一同把倒塌的刻有"井"字的石板竖起。小水勺挂在井旁的桩子上。

["孩子们好，孩子们好呀！"嗓音好像是画眉鸟的叫声，动听极了。不知从哪里忽然飘来了一位美丽的姑娘，是她在向孩子们问好。看牛伢们定睛一看：她披金发，头戴白色花环，洁白的连衣裙垂到脚跟。苹果脸，杨柳腰，好比九天仙女下凡来。

仙　女　（甜甜地）你们好，孩子们！我可以喝你们井里的水吗？

伢　们　（齐声）你是仙女吧，姐姐！你喝吧，我们掘这口井就是为了让人喝的。

[仙女弯下身来，用小竹勺舀起一勺水，美美地喝了三口。

仙　女　（微笑）为你们三个的健康，我喝了三口水。（深情地）你们做了一件好事，我感谢你们。我代表树林，代表在树林里居住的一切动物，代表在树林里生长的一切花草，感谢你们，祝你们幸福！再见吧！

[看牛伢互相看了看，他们又快乐又激动。

阿　仁　姐姐，你一定是仙女！你夸奖我们，祝我们幸福，请你告诉我们，幸福是什么呀？

仙　女　你们应当自己去弄个明白。十年以后，让我们再在这个地方，在这口小井旁相见吧！假如到那时你们还不知道幸福是什么，我就告诉你们。

[仙女说完,像一股清风突然飘走了,正如她突然到来一样。

[看牛伢诧异地互相看着。受仙女启迪,他们做出了勇敢的决定。

阿 仁　让我们到行动中去体验,到自己愿意去的地方,弄明白幸福究竟是什么。我往东走。

阿 信　我往西走。

阿 义　我留在本地。也许在村子里就能弄明白幸福究竟是什么。

[看牛伢们握手告别。他们带着各自的工具信心十足地离开了水井。

[村民林婶和山妹子又挑着水桶从左右相向而来,老远就热情地打招呼。

林 婶　山妹子,真巧,又碰到你来挑水了。

山妹子　你看,这泉水多么清纯,听说是三个看牛伢把井修好的。

林 婶　是呀,一位仙女也来这里喝过水,看,这里还有仙女的脚印。

山妹子　看牛伢的行动感动了仙女,他们将来一定过得幸福。

[林婶和山妹子舀满一担水,挑着,在幸福的歌声中笑呵呵地走下。

[(场外音)三个看牛伢都照自己说的去做了。不觉中十年过去,当年的细伢子如今成了强健有力的帅小伙,他们又来到大山腰的水井旁。阿仁先来了。

阿 仁　(边走,边欣赏,边回忆,抒情似的)啊!这就是我们十年前握手言别的地方,变化真大!井边的小树苗已长成枝叶茂密的大树。小井周围有这么多条小路,路上的石板被踩得光滑了。周围的沙地上还有小鸟爪印。草地上还有鹿和兔子跑过的痕迹。没想到,没想到呀……

["没想到吧,阿仁!"正在阿仁面对大山发感慨时,阿信牵着阿义的手,来到他身前,打断了他的话。三人的手握在一起,拥抱,跳跃。

阿 信　没想到吧,没想到我们只做了这么一件小事,却给别人带来这么大的方便。

阿　义　　我们来了，只是那位仙女般的姐姐还没有来。

阿　信　　我相信，她会来的。阿仁，这十年，你是怎么度过的？

阿　仁　　这十年，我是专心做一件事。我们分手后，我就去一个城市，在那里进了学校，专心学中医，学针灸，现在成了一名医生。

阿　信
阿　义　　那你弄明白幸福是什么了吗？

阿　仁　　弄明白了，很简单。我用针灸给人治病，(拿出银针给大家看)他们恢复了健康，很幸福。我能帮助别人，也感到幸福。

阿　信　　我走了很多地方，做过杂七杂八的事。我在火车上、轮船上工作过，当过消防员，当过木匠。我勤勤恳恳地工作，对别人都是有用的。我的劳动没有白费，我感到幸福。

阿　仁
阿　信　　(同时问留在村子里的青年)那么你呢？

阿　义　　我耕地。地上长出麦子、长出玉米来。(拿出玉米，一人送一个)这是糯玉米，又嫩又甜。我种的粮食养活了许多人。我的劳动，没有白费，我感到幸福！还有，我正在筹备，我要办一个水厂，把这里的山泉送到城里去，叫"银河仙露"。

阿　仁
阿　信　　(深表赞同)好呀，我们支持！

[谈话间，那位仙女突然来到他们身边。她没有变样，还是金色头发，头戴白色花环，身着洁白如云的连衣裙，显得那么纯洁、靓丽、善良。

仙　女　　我很高兴，你们按我的嘱咐又来和我见面了。你们的话，我全听到了。你们三个都明白了：幸福要靠劳动，要靠很好地尽自己的义务，做出对人们有益的事情。

三年轻人　(同声问道)你是谁呀？

仙　女　我是智慧女神。

[刚一说完,仙女又像一股山风飘到了远方。三个年轻人遥望仙女的背影,面对大山唱起了那熟悉的歌:幸福在哪里呀,朋友呀告诉你。他不在柳荫下,也不在温室里。他在辛勤的工作中,他在艰苦的劳动里。啊,幸福就在你晶莹的汗水里……

（剧终）

据人教版《语文》四年级上册同名课文改编。

幸福是什么（B版。话剧）

梁阜球　刘胜娥

时　间　今天。15年后的今天。

地　点　丫城朝阳小学。

人　物　柳老师　女,30多岁,班主任,少先队辅导员。

阿　龙
阿　虎　　男,13岁,少先队员,六年级学生。

阿　凤　女,12岁,少先队员,六年级学生。

果园机器人

[歌声中少先队员阿龙、阿虎、阿凤拿着毕业纪念册、拥着柳老师七嘴八舌走向观众。

阿　凤　柳老师,我们小学毕业了,要离开学校了,真舍不得您。

阿　龙　柳老师,您是我们的启蒙老师,当了我们六年的班主任,又是少先队辅导员,我们一辈子也不会忘记您的。

阿　虎　我们三个都要去远远的地方上中学,怕以后难得见到您了。

柳老师 你们三个都是好孩子,将来一定都有出息。

[孩子们都拿出自己的纪念册要求老师题辞。老师一个个在他们的纪念册上工整地写下了八个字。

孩子们 (齐看,念出声来)从小立志,大器早成。

阿 龙 柳老师,您总是教育我们,从小要有志向,有目标,要努力学习。我们毕业了,您一定有很多感慨,有勉励我们的新作品吧!

阿 凤 (调皮地从柳老师口袋里抽出一张稿纸,扫一眼)真的,阿龙,阿虎,柳老师真的有新作品,柳老师写了一首诗。

柳老师 算不上什么诗,随便凑几句而已。

阿 龙 阿凤,你朗诵比赛获过奖,你就给我们朗诵一下吧!

[阿凤瞟一眼柳老师,柳老师默认了。

阿 凤 好,我朗诵,只怕读不出个味道来。题目是《立志歌》:

我是雏鹰,生在林中,

练硬翅膀,游向太空。

我是蜜蜂,飞在花丛,

辛勤采集,服务大众。

成功之路,目标引领。

从小立志,大器早成。

阿 龙 "成功之路,目标引领"我懂。我在一本书上看到过,说"成功的道路是用目标铺成的",和这意思差不多。

柳老师 阿龙,那你的目标呢?

阿 龙 不瞒老师,我的目标是,现在学好功课,将来造机器人,办个机器人公司。

阿 凤 办个造机器人的公司,到时送我一个吧!

阿 龙 将来造出来了,送你十个都可以。

阿 凤 不要十个,我只要一个。

柳老师 阿虎,你有什么目标?

阿　虎	我的目标是培育良种,像袁隆平爷爷那样。
柳老师	好,祝你们成功,祝你们幸福! 阿凤,你还没有说呢!
阿　凤	我要发明好多好多种新药。
阿　龙 阿　虎	发明什么新药?
阿　凤	暂时保密,现在不说。柳老师,你有目标吗?
阿　龙 阿　虎	那还要问,柳老师当然有目标!
柳老师	我的目标是,教育好孩子,写 80 个课本剧。
阿　龙	15 年后的青年节,我们再到您这里相见吧!到那时看我们有什么 成果,体会到幸福是什么。
阿　虎	15 年,太遥远了吧!
柳老师	15 年,现在看未来,是遥远。可是,15 年过去,回过头来看,就会 感到,15 年前的事,就像昨天发生一样。孩子们,我们要珍惜光 阴,要有目标,要把自己的能力全发挥出来,做最好的自己。
孩子们	(领悟)嗯,做最好的自己。
	[孩子们握住老师的手,依依惜别。
	[场外音:15 年,短暂的一瞬。孩子们记住老师说的,"做最好的自 己"。他们没有虚度年华。15 年后,他们带着丰收的喜悦,回到母 校,回到柳老师身边。
阿　龙	(提着小箱子,行色匆匆上场。张望)15 年,一瞬间,15 年过去了。 这是我亲手栽的一棵水杉,(仰望)现在 10 多丈高了。(朝里喊) 柳老师,柳老师。
柳老师	(边应边走出来)谁呀? 谁呀? (认出对方)哎,是阿龙,24 班的同 学,长成标准的男子汉了。刚接到电话,你一会就来了。
阿　虎 阿　凤	(都背着行囊,同上)柳老师,柳老师,阿龙。(激动,亲热地握手)

阿 龙　柳老师,您快 50 岁了吧! 戴眼镜了,有白发了,为孩子们操劳,辛苦了,可精神还挺爽的。

柳老师　自然的嘛! 你们长大了,我就一步步老了。可我很高兴,你们一个个都发挥了自己的长处,成了国家栋梁之材。

阿 虎　柳老师,我们培植的超级旱稻成功了。(从盒子里拿出标本)从表面看,和高粱差不多,实际上是旱稻,目前亩产 700 公斤,在西北黄土高原也可以种。我带了一小袋米来,请您尝尝新。

柳老师　(接米,嗅一嗅)好香啊,这就是高原香米!

阿 凤　柳老师,这些年我发明了十多种新药,这是其中一种。(从袋子里挑出一盒来)

阿 虎　这是藿香正气水吧?

阿 凤　开玩笑,这叫治麻液。(字字有力)治麻液!

柳老师　治麻液有什么用?

阿 凤　要是哪个学生的家长专门打麻将,不管孩子,你就送给孩子一瓶。

柳老师　送给孩子?

阿 凤　只要孩子用治麻液在他家长身上点一下,这家长对玩麻将就没有兴趣了,他把 5 砣看成 5 梭了。

[大家哈哈笑起来。

阿 龙　阿凤,不过,你这药在我们国家过时了。

阿 虎　阿凤,你从哪个国家回来?

阿 凤　我从加拿大回来,这些年日夜呆在实验室。

阿 龙　难怪了,信息不灵。

柳老师　啊,是这样。我们这里打麻将成风,那是你小时候的事,现在很少有人打麻将了。千千万万的家庭成了学习型家庭,我们的社会成了学习型社会,实现了《教育规划纲要》所提出的目标。

阿 凤　那太好了,我这药丢掉也值得! (跳起来丢药)我要把它丢到看不见的地方!

柳老师　我这 15 年送走了 200 多个学生，写了 90 多个课本剧，出了一本《教育故事》。有的内容制成了手机动漫，你们看：(现出手机屏幕)
[三个年轻人凑近手机，三个头成了一块。

阿　龙　(抬头)这是我们当年演出过的《鹬蚌相争》《小丑伯伯》。

阿　凤　(向柳老师)还有《长方形的亲戚》《鲜红的玫瑰》。现在回忆起来，就像昨天发生的事一样。柳老师，您真幸福！您的工作照亮了别人，也照亮了自己，您成就了精彩的人生。

柳老师　我也在争取"做最好的自己"嘛！我比不上你们，只能大器晚成了。

阿　龙　柳老师，我送件礼物给你，表达我的心意。(拿出一个像装清凉油一样的小盒子送给柳老师)

阿　凤　这么小，什么宝贝？

阿　龙　这是微型机器人，比蚂蚁小得多，这盒子里装有 800 多个。

柳老师　这有什么用呢？

阿　龙　如果你的学生偷懒，不爱学习，就放一个到他身上，给他抓痒痒，刺激他的大脑，他就爱学习了。

柳老师　这么神奇，太好了！

阿　凤　阿龙，你答应送给我一个机器人的，还记得吗？

阿　龙　送你一盒，一个人送一盒。

阿　虎　(拿着盒子好奇地看)这有什么用呢？

阿　龙　用处可多啦，有说明书，我不讲了。我还带来了大型机器人，零件装在这箱子里(指指带来的手提箱)我到里面去拼装一下，就来。
(急下)

柳老师　他在电话里告诉我了，他带来了果园机器人。

阿　虎　我在网上看到，阿龙造的机器人达到了世界领先水平。
[阿龙和机器人同上。阿龙手持遥控器指挥。机器人摆动双手，步伐轻松。

机器人　(点头，嗡声嗡气)柳老师好，同学们好，有机会和你们见面，荣幸，

75

荣幸!

阿　龙　你作个自我介绍吧!

机器人　我是果园机器人,是果农的好帮手。我"吃"树上掉下来的水果,
　　　　就可以不停地干活。

阿　凤　啊,我记起来了。18 年前,我们读三年级的时候,有这样一课书,
　　　　果园机器人"吃"水果,水果变成糖,糖变成电。

机器人　是这样呀,阿凤小姐,你记性真好!

阿　凤　(激动地握住阿龙的手)当年还只是幻想,现在你把它变成了现
　　　　实,你真幸福!

阿　龙　就是从那时候起,我就在想,我要造果园机器人,现在目标实现了。

柳老师　是啊! 每个人发挥自己的长处,创造性劳动,是最大的幸福。

三年轻人　(同声)做最好的自己,最大的幸福!

　　　　[场上歌声起:幸福在哪里呀,朋友呀告诉你。他不在月光下,
　　　　也不在睡梦里。他在精心的耕耘中,他在知识的宝库里。啊,幸
　　　　福就在你闪光的智慧里……

　　　　[演员们举起双手,踏着歌声,向观众致谢。

(剧终)

孩子,你一定会回来的(话剧)

梁阜球　李炯妮

老师的日记

2011 年 9 月 20 日　星期二

　　三年前,我住在老家,湖南涟源一个偏远的山村。深夜,四周寂静。我独
自在电视机前看《大国崛起》日本部分。1894 年甲午海战,中国惨败。1895

年春清朝政府派李鸿章去日本马关谈判。"……特别是关于台湾问题，李鸿章和伊藤博文的对话，后人读来，仍觉辛酸。"电视里的解说词像阵阵波涛往脑海里拍打。"李鸿章要求延期交割台湾，伊藤博文不肯。李鸿章说：'贵国何必急急，台湾已是口中之物'。伊藤博文说：'尚未下咽，饥甚！'"就是这几句话，令我在床上翻来覆去，整夜合不上眼。我正在写儿童短剧，我多么想用课本剧的形式把这段耻辱历史告知孩子们，以唤起后人复兴中华的激情。

时　间　中日甲午海战后，1895年3月—4月。

地　点　日本马关春帆楼。

人　物　李鸿章　清政府中堂，即宰相。

　　　　伊藤博文　日本首相。

　　　　孩子台湾　一孩子用台湾地形图作面具，象征台湾。

　　　　祖国母亲　渔民妇女，40多岁，母亲代表，象征祖国。

[风雨声中李鸿章登场。

李鸿章　（数板）我，大名鼎鼎李鸿章，

　　　　　　　清朝政府当宰相。

　　　　　　　国家一难又一难，

　　　　　　　倒霉的事一桩桩。

　　　　　　　训练海军十来年，

　　　　　　　甲午战争全扫光。

　　　　　　　太后派我来谈判，

　　　　　　　摸摸心窝真发慌。

　　　　　　　要割地，要赔款，

　　　　　　　打了败仗实遭殃。

　　　　　　　（长叹一声）唉，实在遭殃！

　　　　　　　我和伊藤是老交情，

　　　　　　　只好恳求他让一让。

他为人凶狠又狡猾，

还不知他让不让？

（白）今天，1895年3月20日，我从天津乘船，风雨飘摇一个星期来到日本马关，就要和日本首相伊藤博文开始谈判，凶多吉少呀！

［伊藤博文挺着肚子，手持油光发亮的手杖，跨着方步走出来。威风凛凛，骄气十足。李鸿章蜷缩一旁。

伊藤博文 （向观众，骄横的口气）我，伊藤博文，大日本首相。人人夸我治国有方。去年甲午海战，打败清帝国，威名天下扬。这回中国来谈判，派的是李鸿章。（提高嗓门，一字一字地）要他赔巨款，要他割台湾，决不相让。（向李鸿章，渺视、讽刺的口气）中堂大人，远道而来，辛苦了！

李鸿章 （忙走到伊藤前，毕恭毕敬）敝人在。首相不必客气！

伊藤博文 十年前，中堂大人何等威风！我去贵国谈朝鲜的事，谈不成就要打。

李鸿章 十年前的事我当然记得。

伊藤博文 如今十年过去，真的打起来，怎么样？舒服了吧！

李鸿章 我们是战败国，遭殃！该死！（躬背，双手下垂）

伊藤博文 中堂大人，不要装得这么可怜。贵国人多，超过四亿，比我国人口多出十倍，而且土地富饶，财源广大。

李鸿章 我们虽然国大人多，但你提出赔偿三亿两白银，这是我国全年财政收入的四倍多，数额太大，担当不起，请求减半！

伊藤博文 你不必叫苦，我深知贵国情形，才定了这个数目。

李鸿章 我们是老交情了，看在我的面子上，请让数千万！

伊藤博文 这是战后订条约，不是平常交涉，无私情可讲。

李鸿章 总之，请让数千万！

伊藤博文 （讨厌，不耐烦，用手杖击地，大声）已让到尽头，万不能改！（说着，气冲冲往场外走）

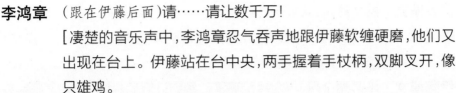

李鸿章 （跟在伊藤后面）请……请让数千万！

　　[凄楚的音乐声中，李鸿章忍气吞声地跟伊藤软缠硬磨，他们又出现在台上。伊藤站在台中央，两手握着手杖柄，双脚叉开，像只雄鸡。

李鸿章 首相，无论如何，要让数千万！

伊藤博文 （突然拉下脸来）李鸿章，你要清醒一点，如果战争继续，再打，你们再败，那时赔款就远不止这个数目，你明白吗？

李鸿章 （怕再打，软下来，转换话题）赔偿数额这么大，战后你们的军队留在中国，留兵的费用还要我们来付！理应从赔款中划去。

伊藤博文 （强盗逻辑）赔款是战争所耗的费用，留兵之费是另外一回事。

李鸿章 200 万两白银的留兵费。太多了！100 万各半，好吗？不管情况如何，每年我国净赔 50 万。

伊藤博文 如果 20 天内，条约订好，条款批准交换，我就准你赔 50 万，否则必要 100 万！

李鸿章 20 天内？交换条款？分明做不到，你太狠心了！

伊藤博文 我狠心吗？（仰天大笑）哈哈哈……（得意地走着。右手握住手杖柄，摇着，手杖在空中打圆圈）

李鸿章 又要赔款，又要割地，双管齐下，出手太狠！我们是老交情了，没一点面子，这让我太过意不去了。

伊藤博文 我再说一遍，这是战后订条约，不是平常交涉，顾不得什么面子了。

李鸿章 讲和应当彼此相让，你办事太狠！

伊藤博文 讲和？是你求我讲和，还是我求你讲和？

李鸿章 当然，是我求……求你讲和。

伊藤博文 这就对了，是你求我讲和。（步步逼紧）那么，台湾什么时候交给我？

李鸿章 两个月之内。

伊藤博文 两个月,时间太长了。

李鸿章 日兵并没有占领台湾,我们要处理的事情很多,时间长一点,办事较妥,对你们也有好处。

伊藤博文 不必两个月,一个月足够了。条约订好后,我们就马上派兵去台湾。

李鸿章 贵国何必这样急急,台湾已是你口中之物。

伊藤博文 口中之物,是的,口中之物(趋近李,面对面)可是,还没吞下去,饿极了,你知道吗?

李鸿章 (气得发抖,指着伊)你,你太贪婪,太凶狠,还有什么可谈的!(急下)

伊藤博文 台湾,宝岛,口中之物,哈哈哈……

（唱）台湾已是口中物,

眼看就要吞下肚。

伊藤呀,伊藤,

为帝国,把功立,

又达一个新高度!

台湾已是口中物

……

[伊藤唱着,像鳄鱼捕到猎物一般高兴,迈着八字步,昂头走了。

[场上响起欢悦的台湾民族音乐,令人心旷神怡。一孩子戴台湾地形图做的面具,系鱼肚兜,活泼自如,跳着出来。他在海滩拾起一个个美丽的贝壳,欣赏一番,装入兜里。远处有叫"孩子"的声音,那是他母亲来了。母亲,一身渔民打扮,背着鱼网,脸上的纹路像道道伤痕。

母　亲 孩子,孩子,快回去!

孩　子 不,我不,我在这里捡贝壳。(掏出一个贝壳给母亲看)

母　亲 这里风浪大,有危险,快跟我回去。(拉起孩子便走)

[伊藤上场。他换了一副面孔。立体的鳄鱼头遮住大半个脸。鳄鱼眼球凸显出来,射着绿光。血盆大口张开,尖利的牙齿叫人恐怖。

伊藤博文　（像喝了许多酒，醉醺醺的。声嘶力竭地喊）李鸿章先生，李鸿章！（自语）停了几天没谈判了，得继续谈。

[李鸿章，他不比前几天，更倒霉，脸上手上都有血迹，贴着纱布。听到伊藤叫他，缩作一团走近伊藤。

李鸿章　阁下，前几天，我在回旅店的路上被贵国的良民刺伤，你应该知道了吧！（摸伤处）哎哟！

伊藤博文　对不起，这是个别人所为。误会，误会！我们还是谈正事吧！

李鸿章　正事？

伊藤博文　正如你所说，台湾已是口中之物，可还没咽下去，饿极了！

李鸿章　阁下所提的条件太苛刻。

伊藤博文　军费赔偿已减至两万万两，台湾、澎湖列岛必须永远割让！

李鸿章　（吞吞吐吐）这——还得……

伊藤博文　你只能说，行，还是不行。别啰嗦了！（厉声）把台湾交出来！

[李鸿章无可奈何，进里屋把孩子台湾拉了出来。伊藤一把抓住孩子的手，孩子吓得号啕大哭，伤心透了。母亲紧追，不由分说从伊藤手中夺过孩子。伊藤博文一脚把母亲踢翻在地，用手杖狠狠打她几棍，强拖着孩子就走。

孩　子　（一面挣扎一面喊）母亲，母亲，我要回来！

母　亲　（躺在地上，匍匐前进）孩子，回来吧！

孩　子　（撕心裂肺）母亲，我要回来！

母　亲　（伏在地上，双手前伸）孩子，你一定会回来的！

孩　子　（惊天动地）母亲，我要回来！

[小观众和母亲齐呼："孩子，你一定会回来的。"呼声响彻全场，响彻云霄。

（剧终）

还不会飞的小燕子（童话剧）

袁艳峰　欧阳雪菲

地　　点　雪峰山，有土砖房的地方。

时　　间　各种动物活跃的时候。

人　　物　小燕子、燕妈妈、蛇、大花猫、小松鼠。

　　[小燕子偎依在燕妈妈怀里，燕妈妈爱抚地拍拍她。

燕妈妈　小燕子，我的乖乖。看，太阳快要落山了，我还要去给你找点吃的。你还不会飞，千万要小心，不要从窝里掉下去了。那里有蛇，蛇，一条蛇盘踞在那里，你知道吗？

小燕子　老妈，我知道，你就放心去吧。我知道，那里有蛇。

燕妈妈　你知道就好了。记住：你还不会飞，要小心，要注意安全！

　　[燕妈妈展翅一飞，扑棱棱飞到森林里去了。

　　[一会儿，小燕子伸起脖颈，东看看，西瞧瞧。

小燕子　（跳呀跳的）快快长吧，快快飞吧。呆在这泥巴窝里，真不自由。快快飞吧，快快长吧，快快……

　　[小燕子的话还没说完，一不小心从窝里掉到了地上。连声叫"啾啾啾，哎呀呀……"

　　[一条蛇听到叫声，不性急，慢慢地向她爬来。

蛇　（扭动身子）我是蛇，蛇，我是懒游蛇，在这里睡了几个月。大家看，这是一栋旧土砖房。我的老爸，还有老爸的老爸，都在这土砖房里抓老鼠吃。如今呀，这里的年轻人都到外面打工、做生意去了，都修了漂亮的新房子。老鼠也搬家了。我都不记得是什么时候吃

82

过老鼠了。唉,肚子饿极了。(摸肚子)饿得要死,饿得要命!

小燕子 (忍不住)哎呀呀,哎哟。我没听老妈的话,从窝里掉了下来。

蛇 哈哈哈,那不是一只小燕子吗?(伸长脖子仔细看)哟,还是一只不会飞的小燕子。太好了。老天爷给我送来了美餐,我口水都要流出来了。

[蛇向小燕子爬去,小燕子吓得打哆嗦。

小燕子 救命呀,救命呀。妈妈快来呀,妈妈,妈妈!

蛇 哈哈,你大声叫吧。随你怎么叫,你妈妈都听不见了。她飞到大森林里去了。谁叫你不听话!我饿瘪了,你就让我整个儿吞下去吧。吞到我肚子里,蛮舒服的,哈哈。

小燕子 (吓得浑身发抖,惨叫)救命呀,妈妈,妈妈快来呀!

[大花猫听到小燕子的叫声,匆匆赶来了。

大花猫 (旁白)我是大花猫,主人最喜欢我了。我会捉老鼠,还会捕蛇,对,捕蛇。

小燕子 救命呀!(死到临头,昏过去了)

[蛇伸起头,就要去咬小燕子。大花猫冷不防对着蛇猛叫一声:"咪呜——"蛇一惊,反转头来看。

大花猫 懒游蛇,你要干什么,不准你吞吃小燕子。

蛇 啊,你是大花猫。(连忙改口)不,不,你是花猫伯伯,花猫爷爷。我饿瘪了,饿得要死,饿得要命,就让我吞掉小燕子吧。主人有好东西给您吃,可我没吃的。

大花猫 快滚蛋,滚!主人说了,燕子吃害虫,帮人类的忙,我们要保护燕子。

蛇 花猫爷爷,我吃老鼠,也帮人类的忙。

大花猫 看在你以前吃老鼠的份上,今天我才饶了你,不把你弄死。(严厉地)还不快滚,要不,我动武了。

蛇 好,我滚,我滚,老老实实滚。真倒霉,到口的食物也吃不成了。

[蛇垂头丧气爬走了。

［大花猫扶起小燕子，温顺地抚摸她。

小燕子 （睁开眼张望）这是怎么了！我到了哪里？我还活着吗？

大花猫 （亲昵地）小燕子，你还活着。那该死的蛇被我赶走了，你没事吧？

小燕子 啊，你是花猫爷爷，老妈告诉过我的。我没事，谢谢花猫爷爷救了我。我妈妈在哪？我想妈妈了。妈妈，妈妈。

大花猫 你妈妈到森林里、到田野里为你找吃的去了，她会来找你的。

［嘟——嘟嘟——不远处传来汽车喇叭声。

小燕子 花猫爷爷。"嘟——嘟——"这是什么玩艺在叫？好大的声音。

大花猫 你还不知道，这是汽车鸣喇叭。高速公路在这山里通过。你千万不要到公路旁边去玩。汽车飞快地跑，刮起一股大风。嗬——嗬——风会把你刮走的。要是压在车轮子底下，我不敢想，不敢！

小燕子 要是压在车轮子底下，怎么了？

大花猫 要是压在车轮子底下，我们这么小，就变成肉丸子了。

小燕子 花猫爷爷，我怕！

大花猫 你不要怕，听我的话，你就躲在这草丛里，不要动。你妈妈会来找你的。我要回去了。

［大花猫把小燕子藏在草丛里，向小燕子告别。

［小燕子在草丛里躲一会。躲一会，不耐烦了，伸起头来东瞧瞧、西看看。

小燕子 （试探往外走）快快长吧，快快飞吧。躲在这草丛里，多没意思。我要去看看那宽阔的马路，奔跑的汽车。快快长吧，快快飞吧。

［嘟——嘟嘟——急促的汽车喇叭声一瞬而过。

小燕子 （跳跃，高兴地）快快长吧，快快飞吧，跳出这草丛，多么有味道。红霞天上飞，小鸟林中跳。宽阔马路上，汽车在奔跑。红霞……

［小燕子正得意，"嘟——嘟嘟——"一辆小车飞速跑过，刮起一股大风，卷起一股灰尘。小燕子被刮得七倒八歪，最后落到刺篷下的坑里。糟糕呀！

小燕子 （哭丧着脸）哎呀呀，怎么得了呀！刚才我到公路旁，想看看汽车，哪里知道,汽车挨着身子跑过去,刮起一股大风。我站不住了,被刮到刺篷下的坑里,到处是刺。哎呀呀!(边摸边说)这里出了血,这里破了皮。哎呀呀,妈妈,妈妈,妈妈快来呀!

[小燕子的哭叫声在大山里回荡,小松鼠听到了,跑了过来。

小松鼠　谁在哭?谁在叫?我是小松鼠,不吃肉,只吃果,只要有动静,动作飞快的。

小燕子　哎呀呀,妈妈呀。

小松鼠　小燕子,小燕子,你怎么掉到这刺篷里了?你还不会飞,多危险呀!

小燕子　松鼠姐姐,你来了,我可少受罪了。只怪我自己,刚才一股大风把我刮到这刺篷下的坑里了。好心的松鼠姐姐把我弄出去吧。

小松鼠　好,我钻进刺篷,跳到坑里,你咬住我的尾巴,我把你拉出去。

[真的,小松鼠灵巧地钻进刺篷,跳到坑里,让小燕子紧紧地咬住尾巴,一点也不费力,把小燕子拖了出来。

小燕子　多谢了,松鼠姐姐,是你救了我的命,我给你拜年。(拜呀拜)

小松鼠　不拜了,起来,起来,我给你看看伤。

[燕妈妈飞出来了,她到处找小燕子。一会飞到树上看,一会落到地上寻。

燕妈妈　小燕子,你在哪里呀?我的小宝贝,小燕子呀……

小燕子　(听到喊声,激动地)妈妈,我在这里呀,妈妈。

[燕妈妈一下扑到小燕子前,像梦里一般望她,打量她,突然叫出声来,"我的小燕子!"一下抱住她。小燕子在妈妈怀里抽咽,哭泣。

[小松鼠感动地站在一旁。

燕妈妈　孩子,你怎么不注意安全,你受了不少苦吧!

小燕子　(止住哭,望着妈)还算好。我差点被蛇吃了,是大花猫救了我的命。车子刮起一股风,把我吹到刺篷里,是小松鼠把我拉了出来。

燕妈妈　谢谢小松鼠!

小松鼠　小燕子,你还不会飞,就到处跑。你妈妈为你操碎了心,到处找你，还是谢谢你妈妈吧！

[小燕子一会拉住妈妈，一会又拉住小松鼠，轮回拉，沉浸在幸福中。

（剧终）

本剧为袁艳峰、欧阳雪菲合写。小菲菲，9岁，五年级学生，留守儿童。梁阜球加工整理。

天堂里的猩猩（哑剧）

梁阜球　邓跃军

时　间　很久很久以前，也许就在昨天。

地　点　非洲森林中，一块草坪里。

人　物　共5只猩猩。其中一只左后肢有点跛，还有一只脸型稍不同，看起来是他们的组长。

场　景　坪里立着一口大锅。锅上随意放着四把汤匙，每把汤匙的柄足有一米长。柄的末端是黑色的，挨汤匙的一小段柄是红色的。可能是上帝设的计。

[戏开始了。5位小朋友戴着猩猩头饰排纵队上场，左顾右盼，身子往前倾，两手垂着，一步一步走。前三位是猩猩甲、乙、丙，倒数第二位跛脚，最末一位是组长。

[他们好像闻到了什么气味，头一仰，鼻子一摸，加快步伐围着大锅转。齐停下来，弯腰往锅里瞅。齐抬头，舔嘴唇，吞口水。

[乱了，都去抢汤匙。一会，除跛脚的外，每只猩猩都横握着一把汤匙。他们兴奋起来，有的举着汤匙跳，有的将汤匙夹在腋下跳，

86

还有的握着汤匙横看竖看,好奇得很。

跛脚猩猩 （唯独他急,急得在地上打滚）

猩猩甲 （故意气他,将汤匙在他面前晃一晃）

跛脚猩猩 （不心甘,翻身爬起来,去抢猩猩甲的汤匙）

猩猩甲 （眼明手快,做个给他的虚假动作）

跛脚猩猩 （伸手去拿,扑个空,一跤摔倒在地,动弹不得）

猩猩组长 （赶忙走拢来,爱抚地将跛脚猩猩扶起,揉揉他痛的部位,责备地在猩猩甲头上敲了一下）

猩猩甲 （淘气,做个怪动作）

跛脚猩猩 （伤心,擦眼睛,想哭）

猩猩组长 （摇手,要他别哭,慷慨地把自己的汤匙给了他）

跛脚猩猩 （感动,向组长行个礼,顿时活跃起来,融入到伙伴中蹦呀,跳呀……）

众猩猩 （又弯腰齐往锅里瞅,齐脸面朝天,齐握着汤匙柄的末端到锅里取食物,由于柄太长,谁也不能将食物送到嘴里）

猩猩组长 （站在一旁观察,一时手支着下巴,一时搔搔脑袋）

猩猩乙 （试着用手往锅里抓,不行,很烫,忙把手缩了回来）

猩猩丙 （试着捏住挨汤匙的那段红柄送往嘴边……）

众猩猩 （看着猩猩丙,乐得互相拍打一下,这可有办法了,学着猩猩丙的样,捏住挨汤匙的那段红柄送往嘴边,喝呀,舔呀,像是真的吃到了食物一样）

猩猩组长 （也口馋了,飞快走到锅边来瞅）

众猩猩 （见组长来了,都要将自己的汤匙送给他）

猩猩组长 （摇头,摆手）

众猩猩 （齐弯下腰来,捏住红柄小心翼翼地向锅里取美味）

[不料,当汤匙刚接触食物,众猩猩就"咦——"尖叫一声。原来是红柄发烫,让猩猩难受极了。他们不由得松手,将汤匙丢得四处

都是。急得躺倒在地,伸臂蹬腿。

猩猩甲　（爬起来,捡起汤匙乱摔）

猩猩乙　（同时翻身起来,拾起汤匙乱咬）

猩猩丙　（同时纵身跳起,将汤匙乱踢）

猩猩组长　（独自站在锅旁思考、细看,摇头晃脑）

跛脚猩猩　（拾起一把汤匙,依偎在组长怀里,够亲热的）

猩猩组长　（从跛脚猩猩手中拿过汤匙,叫他站到自己对面,用长柄汤匙从锅里舀起美味,喂给他吃）

跛脚猩猩　（喝一下,仰头吞一下。两手扇动,舒服极了）

猩猩组长　（忙叫猩猩甲站到自己的位置,从他手中拿过汤匙递给跛脚猩猩,叫跛脚猩猩从锅里舀美味喂给猩猩甲吃）

猩猩甲　（喝一下,仰头吞一下,两脚跳动,脚抬得高高的,爽极了）

猩猩组长　（忙把自己手中的汤匙交给猩猩甲,让他和跛脚猩猩相互喂着吃）

猩猩乙、丙　（学样,各操起汤匙从锅里舀着,相互喂着,跳着,乐呵呵的）

猩猩组长　（站在一旁欣赏,拍手,像歌星那样欢天喜地,扭动身躯）

［变动配对。猩猩甲和猩猩乙相互喂;猩猩丙和跛脚猩猩相互喂。喂得开心,吃得津津有味。

［他们一齐望组长,组长还没吃呢! 就一齐舀起美味,送到组长嘴前。组长也不客气了,依次吃,吃过来,反过去,速度神奇。吃饱了,喝足了,他们把长柄汤匙横放在大锅上。相互拥抱,亲吻,拍打,跳跃。抱作一团又散开,散开又抱作一团。

［他们是最幸福的猩猩,天堂里的猩猩。

［原始森林的空中飘起了天堂里的歌声:

天堂在哪里?

天堂就在我们心底。

你心中有我,

我心中有你,

88

生活就会甜蜜蜜。

天堂在哪里？
天堂就在我们心底。
你想个办法，
我出个主意，
合作就能创奇迹。

天堂在哪里？
天堂就在我们心底。
你帮助我，
我支持你，
世界会越来越美丽！
[猩猩们踏着歌声不知疲倦地跳，以自己喜欢的方式尽情地跳。跳累了，打着呼噜睡着了。有节奏的呼噜声也像天堂里美妙无比的歌声。

（剧终）

两只小猎豹（童话剧）

刘胜娥　李炅霖

时　间　2012年春。
地　点　原始森林里。
人　物　猎豹妈妈、小猎豹聪聪、小猎豹欢欢、猫头鹰大叔、播音员百灵鸟、兔子、梅花鹿。

猎豹妈妈　（骄傲、自豪）我是猎豹妈妈，森林里谁都羡慕我，因为我有一对双胞胎孩子。一个叫聪聪，豹如其名，聪明可爱；一个叫欢欢，憨厚老实。今天他俩参加森林运动会去了，还没回来。不知结果咋样，我去看看。

[猎豹妈妈走得飞快，正走时，传来了森林运动会广播站百灵鸟动听的声音。

百灵鸟　我是百灵鸟，百灵鸟。我是森林运动会广播站的播音员。今天的比赛到此结束。今天的长跑冠军得主很意外，产生了两位，那就是来自猎豹家族的聪聪和欢欢。（兴奋，热情）大家向他俩祝贺吧！

[猎豹妈妈听到这个好消息，眉眼都笑歪了，对着观众兴奋地竖起大拇指，转身悄悄往回走。

聪　聪
欢　欢　（牵着手，一路蹦着、跳着回家，隔着老远就喊）妈妈，妈妈，我们回来了！

猎豹妈妈　（转过身来）今天的比赛咋样？（装作不知道结果）

聪　聪
欢　欢　您猜，您猜！（两人抢着说。随后蹦跳着，从背后将获奖证书举到猎豹妈妈面前，齐声）妈妈，我们得了冠军，您得实现我们每人一个心愿。

猎豹妈妈　好，欢欢，你的心愿是什么？

欢　欢　我想要一本《长袜子皮皮》。

妈　妈　好，明天我就给你去买。

欢　欢　哦，我又有好书看啰。（欢欢喜喜地进家门了）

妈　妈　（看站在一边沉思的聪聪）你呢？聪聪，说说吧，想要什么？

聪　聪　（做了个鬼脸）暂时保密。妈妈，我现在肚子饿了，快给我们做饭去吧！

[妈妈笑着摇摇头，走开了。

聪　聪　（面对观众，说起了他的小心愿）我呀，想要一副眼镜。今天在赛场上看到很多位向我鼓掌的小朋友戴着眼镜，又神气，又有学问。我还偷偷问了他们戴上眼镜的经过，很简单，每天玩游戏机，躺着看书，长时间看电视，这些都是我喜欢做的。哦，眼镜，眼镜等着我来戴你吧！

[欢欢(*每天的表现*)：看书 40 分钟，就看看远方，做一做眼保健操，听练舞蹈的基本音乐，翻跟头。

[聪聪(*每天的表现*)：上学回家，走路拿着游戏机玩，一边玩一边傻笑。躺着看书，边走边看书。渐渐发现自己看东西不清楚了，就起劲地叫"妈妈"。妈妈来了。

聪　聪	妈妈，我看书眼睛模糊了，我要买一副眼镜。
妈　妈	眼镜？我们猎豹家族视力是动物里最好的。
聪　聪	你答应我完成一个心愿的。(又是撒娇，又是放嗲)
妈　妈	(无可奈何)哦，那就带你去河马大叔眼镜店配一副眼镜吧！

[妈妈带聪聪配眼镜去了，不一会，聪聪戴着眼镜神气地走出来。

聪　聪　我的视力只有 0.3、0.4 了，多么好呀，我戴上眼镜了。我是一只有学问的猎豹了，我和人类一样聪明了。(围绕全场转一圈，趾高气扬地走了)

二

百灵鸟　(戴着扬声器出场)我是百灵鸟，告诉大家一个好消息，今年的森林运动会设了一个新项目，是寻找食物，谁在最短的时间内找到食物，谁就是胜利者。比赛时间本月 28 号。请小动物们做好准备。今年的森林运动会……(边走边说，到别的地方去了)

妈　妈　(从屋里走出来，自言自语)今年比赛找食物，不知道欢欢和聪聪还会去吗？

聪　聪
欢　欢　(背着书包高高兴兴地牵着手回家来)妈妈，今年的森林运动会是找食物，我们还要去参加。

妈　妈　（高兴地）好！

[场外音：比赛的日子到了，小狮子、小老虎、小猴子、小黑熊……都早早地来到了赛场，当然，聪聪和欢欢也不例外。只听裁判一声令下，所有的小动物都冲进了树林里。聪聪兴奋极了，在树林里活蹦乱跳。突然来到一棵枝繁叶茂的老树下，树枝一下就把他的眼镜扫落了。

聪　聪　我的眼镜掉了，我的眼镜掉了。（聪聪赶快停下来找眼镜，东摸西摸，可是怎么也找不到了）

[聪聪眼前兔影一晃，一只小兔子正在前边吃草。他顾不上找眼镜了，对着小兔子猛扑过去，谁知兔子一扭身，反过来从大树旁跑了。聪聪在树丛里瞎闯，就是不见小兔子的踪影。

[森林上空响起百灵鸟清脆悦耳的声音。

百灵鸟　现在向大家报告比赛情况，小猎豹欢欢捉到一只麋鹿，小狮子捕捉到一头小牛，小灰狼捉到一只小兔子……

[聪聪听到这里，急了。

聪　聪　啊，梅花鹿在树下，我准能捉住他。（大喜，对着大树猛扑过去。哇！撞到树上，晕过去了）

[猫头鹰飞出来，叫"聪聪"。

猫头鹰　聪聪，你在哪儿？聪聪。我是猫头鹰姐姐，我的眼睛晚上视力好，你妈妈托我出来找你。

[猫头鹰围着树林转一圈，飞到老树上，发现了树下的聪聪。

猫头鹰　聪聪，你怎么啦？

聪　聪　我的眼镜掉了，我找不到食物！（沮丧）

猫头鹰　你怎么要戴眼镜呢？猎豹家族的视力比我们家族的视力还好呢！

聪　聪　（愧疚地）我学人类小朋友的样子戴眼镜。

猫头鹰　你呀，人们常说，"聪明聪明，耳聪目明"。这说明保护视力是多么重要，你咋就不聪明了呢？（又好气又好笑）

聪　聪　那我的眼睛怎么办啊？

猫头鹰	还能怎么办,到我的近视眼矫正中心去做治疗吧!
聪　聪	很快就能治好吧?
猫头鹰	这么容易的话,人类怎么会有那么多小朋友戴眼镜呢?
聪　聪	那怎么开始治啊?
猫头鹰	保护眼睛要学会做眼保健操,治疗眼睛也从做眼保健操开始,现在跟我做眼保健操。

[全场互动。全场做眼保健操。

第一节:揉天应穴

第二节:挤按睛明穴

第三节:按揉四白穴

第四节:按太阳穴,轮刮眼眶

[演员谢幕:"聪明聪明,耳聪目明"。请保护好我们的眼睛。

（剧终）

> 根据李炅霖同学作文《小猎豹戴眼镜》改编。

附:

小猎豹戴眼镜

四年级　李炅霖

有一年,森林里举办了一场运动会。长跑冠军是两只活泼机灵的小猎豹——欢欢和聪聪。

台下的小朋友为他们鼓掌,为他们欢呼。突然,小猎豹聪聪有一个惊人的发现——台下不少的小朋友都戴着眼镜。聪聪觉得小朋友戴眼镜既神气又显得知识渊博,就跑过去问:"请告诉我,怎样才能和你们一样戴上眼镜呢?"小朋友们异口同声地说:"每天看电视,上网玩游戏,躺着看书,等到近视时就可以戴眼镜了,你想和我们一样戴着眼镜吗?""当然!""那你就要按我们说的做。"小朋友们调皮地说。

从此,聪聪每天看电视,经常上网玩游戏,躺着看书。没过多久,他的视力急速下降,看东西越来越模糊,什么都看不清了,就到熊大妈的眼镜店里花几十元买一副眼镜戴上,觉得神气极了。他想:瞧,我成了一只学识渊博的小猎豹了,和人类一样聪明啦!

时间过得飞快,一眨眼,第二届森林运动会又开始了。聪聪和欢欢又在一起参加比赛了。聪聪戴着眼镜,显得文质彬彬,有学者风度,而欢欢还是原来的老样子,只是长大了点。这一次比赛是捕获猎物,一声号令,各位选手都飞快地冲进森林,急忙寻找。可是,聪聪穿过丛林时,树枝把他的眼镜挂落了。没有了眼镜的聪聪在森林里可麻烦啦!什么东西都是模模糊糊的,看不真切。这时他发现前面好像有一只小兔子,就马上扑过去,不料,小兔子窜进丛林不见了,他自己却重重地摔倒在地,疼得他"哎哟——哎哟——"直叫唤。朦胧中,他又好像看到了一只小鹿,兴奋极了,忘记了疼痛,一个饿虎扑食,却一头撞在树干上。他在森林里横冲直撞,可是什么也看不清楚,什么也没有抓到,累得上气不接下气,最后晕倒在地。其他选手都有猎物,就差小猎豹聪聪了。大家就一起去找他,黄昏时分,才在大树旁找到了昏迷的聪聪。这次比赛,最后的胜利者是欢欢。

聪聪失败了,这时他才醒悟:难怪人类说爱护眼睛要像爱护自己的生命一样,下次可不能再做傻事了。于是,他到了猫头鹰大伯的视力恢复中心做治疗,经过了三年零九个月的视力矫正,总算把视力恢复到了原来的样子。

朋友们,我们一定要保护眼睛,可不能像小猎豹聪聪那样哦。

导演心语:课本剧的追求——走进书里去,回到生活来。

只会笑的木偶(童话剧)

梁阜球　李炯妮

时　间　上一个月。

地　点　月峰山景区。

人　物　木偶、东海龙女、蓝猫警官、红狐狸、小白兔、老太婆、灰大狼。

[木偶戴斗笠,着马甲,穿长靴,背红袋,兴冲冲地走出来。

木　偶　观众朋友,你们认识我吗? 嘿嘿,我是木偶先生。上个星期,老木匠雕了个笑嘻嘻的小木偶,可爱极了! 老木匠双手捧着小木偶,开怀大笑。哈哈……这一笑,被东海龙女听到了。龙女腾云驾雾飞到老木匠家里,用她的魔杖那么一点,小木偶就变成大木偶了,变成现在我这么大了,会讲,能走。龙女还说她是木偶的阿姨。

台下小观众　那后来呢?

木　偶　后来嘛,大木偶也和小木偶一样,只有一种表情,只会笑嘻嘻。(从红袋里取出笑嘻嘻的木偶面具戴上)这只会笑的木偶来到世界上日子难过,麻烦一个接一个,还差点被狼吃掉。现在我们把故事演出来。

台下小观众　(唱)这个故事真稀奇,

木偶只会笑嘻嘻。

又不哭,又不急,

怎么会有麻烦哩?

[木偶大步向前走,走到了月峰山景区。

精彩的故事演出来

木　偶　外面的世界大不同，这里就是月峰山景区，风光多么美，游客真多！

[一只红狐狸跑过来，机灵地挨到木偶先生前。

红狐狸　（假惺惺地）尊敬的木偶先生，我是红狐狸，我很羡慕你！你真潇洒，你的红背包真漂亮，让我背一下好吗？就背一下，我想看看这种红背包和我的毛色是不是相配。

木　偶　（一口答应）好的，好的。

红狐狸　（旁白）这傻瓜木脑壳，上了我的当，这红背包是我的了啊。（拔腿就走）

[木偶愣住了，等他反应过来，红狐狸已跑去几米远，就急起直追。

红狐狸　你要干什么？

木　偶　还我背包来！

[木偶追上红狐狸，揪住了她的毛茸茸的大尾巴。

红狐狸　哎哟，放开！放开！

木　偶　把背包还给我！

红狐狸　就是不还！还不放开，我要打"110"了。

[红狐狸急忙掏出手机向蓝猫警官打电话，嘴巴一张一合。警官风一般赶了过来，笔挺挺站在他们面前，两手将他们分开。

蓝猫警官　（吼道）吵什么？

红狐狸　报告警官，这木脑壳抢我的包！（撒谎一点儿都不脸红）

木　偶　（气得尖叫起来）那是我的，我的，我的！分明是她骗走我的包。

[蓝猫警官看看红狐狸，她满脸怒色；再看看木偶，却是一副笑嘻嘻的表情，就立刻判定。

蓝猫警官　木偶，你不要霸蛮，不要在这里胡闹。（一下把木偶推出老远）

红狐狸　（向警官敬礼）公正的警官先生，这包的的确确是我的。你看这包的颜色和我的毛色多么相配。

[红狐狸趾高气扬，得意地走了。蓝猫警官自以为办事公道，也扬

长而去。

木　偶　　蓝猫警官看到我丢了背包还嘻嘻地笑，一点也不相信我。有什么办法，老木匠给我的就是这么一种表情。倒霉呀！

　　　　　[木偶委屈极了，突然觉得脑袋剧烈地疼，只好蹲下来，双手紧抱脑壳。

木　偶　　哎呀，我的脑袋疼得厉害呀！

　　　　　[一只小白兔在悠闲地走着。他见到木偶这么痛苦，就走了拢来。

小白兔　　(温柔地)我是小白兔，你是木偶先生吧，怎么啦？

木　偶　　(抬起头来)啊，是小白兔，我脑袋疼呀！

小白兔　　你脑袋疼，怎么还笑嘻嘻的？你装得一点儿都不像！你瞧，应该像我这样。

　　　　　[小白兔龇牙咧嘴地做了痛苦的表情，蹦蹦跳跳地走开了。

　　　　　[木偶凄苦地埋着头。一位老太婆拄着拐杖走近他，关心地问。

老太婆　　木偶先生，你病了吗？附近有医院，去看看吧！

木　偶　　(还是一副笑嘻嘻的模样)老奶奶，我脑袋很疼，全身一点力气也没有。

老太婆　　你脑袋疼，怎么还笑嘻嘻的？唉，唉，你骗谁！

　　　　　(数板)如今世界大不同，

　　　　　　　　　麻蝈出来骗老人。

　　　　　　　　　连个木偶也撒谎，

　　　　　　　　　你看风气正不正？

　　　　　[老太婆很讨厌，嘟嘟囔囔地走开了。

木　偶　　哎呀呀，真是有口难辩，我真希望自己还是一块没有脑袋的木头！

　　　　　[灰大狼出现了。他背着红背包，逍遥自在。看到木偶，立刻起了歹心。

灰大狼　　(数板)我是灰大狼，

　　　　　　　　　一副黑心肠。

97

只要有吃的,

管他是人还是羊!

[张开血口,嚎叫一声:"嗷——"

木　偶　糟了,糟了,灰大狼来了! 我的红背包怎么到了他手里?

灰大狼　木偶先生,你好! 快来看看,这红背包是你的吧?

木　偶　我的红背包,快还给我。

灰大狼　当然要还给你的。我胃口正好,还想吃点什么呢。

木　偶　红背包里有蛋糕,还有八宝粥。

灰大狼　这些东西算什么,红狐狸早把它丢了。该死的红狐狸,我把她宰了。我替你报了仇,还带来了红背包,你该怎么谢我?

木　偶　我,我是木偶。

灰大狼　你撒谎,骗不了我。你是人,人肉很好吃的,我吃过不止一回了。

木　偶　(连连后退)灰大狼,你坏!

灰大狼　(步步紧逼)我坏,你好,不错。你看你,笑嘻嘻的,这说明,你心甘情愿让我吃掉。笑嘻嘻的,不哭哭啼啼,说明你良心好,知道要报答我。(张牙舞爪,向木偶先生的胸口挖去)

木　偶　东海龙女是我阿姨,她要来救我的! (高声)龙阿姨,救救我呀!

灰大狼　(狰笑)嘿嘿,再大声一点呀! 她住到天上去了,叫天天不应!

木　偶　阿姨,快来呀!

[东海龙女在太空闻到了木偶的伤心气息,赶紧飞下来,挥舞闪亮的魔杖,来到木偶跟前。

木　偶　(喜出望外)阿姨,来得快呀!

东海龙女　你还好吧! 我正在太空旅游,我的蓝鼻子接收到你的信息,就飞快下来了。

灰大狼　(见风使舵)啊,美丽的龙女,我的龙姐姐,你漂亮极了! 我惩罚了狐狸精,还给你亲戚捎来了红背包。(恭敬地将红背包还给木偶)

东海龙女　我什么都知道了,你去变只狗吧。

灰大狼　不,不,龙姐姐,我是好人,我不变狗,不变狗……

［龙女用她的魔杖一指，灰大狼即变成一只狗，"汪汪"地叫着，连滚带爬地走了。

木　偶　多谢阿姨，救了我一命。你的魔杖真管用。

东海龙女　你头疼，是吗？

木　偶　（可怜巴巴）是，而且越来越疼了。

东海龙女　那是因为你很伤心，却不会哭。

　　　　　［龙女用魔杖在木偶的头上点了一下。

木　偶　（放声大哭起来）哇——哇——

　　　　　［他不再伤心了，扭扭脖子，脑袋轻松多了。

东海龙女　是我对不起你。当时让你由小木偶变成大木偶的时候，忘记把
　　　　　　人类所有的表情都送给你。

　　　　　［龙女揭掉木偶只会笑的面具，用魔杖在他头上连点了好几下。

东海龙女　现在好了，人类所有的表情你都有了。祝你幸福！

　　　　　［龙女飘飘地走了，只剩下木偶独个儿在活动。

木　偶　我现在会哭，会笑，会生气，会着急，也会向别人表示同情和关心
　　　　　了。老木匠说的不错，笑是很重要的。不过，要是只会笑，那可是
　　　　　很糟糕的事。

台下小观众　（唱）这个故事不稀奇，
　　　　　　　　　说来也很有道理。
　　　　　　　　　木偶先生只会笑，
　　　　　　　　　引来不少麻烦哩。
　　　　　　　　　人类表情很丰富，
　　　　　　　　　缺一样也不行哩！

（剧终）

据人教版《语文》四年级上册《小木偶的故事》改编。

天那边的呼救（话剧）

肖玉姣　梁阜球

时　间　1997年。

地　点　美国德克萨斯州登顿县，芬兰赫尔辛基某大学图书馆。

出场人物　美国小男孩桑恩，他的同学陈琴，还有他妈妈。

　　　　　芬兰女大学生苏珊，救援人员甲、乙。

　　　　　中国小男孩曾品，还有他爸爸曾兴。

　　　　　节目主持人谢旦。

未出场人物　美国登顿县政府官员。

　　　　　曾品的外婆。

一

[中国小男孩曾品戴着眼镜坐在电脑前，全身心地注视着荧屏。他完全沉迷于网络黑洞里了。

[里屋传出他外婆无可奈何的声音。

外　婆　曾品，曾品，今天是星期日，快9点半了，还不吃饭！作业做了没有？你昨天整日玩电子游戏，晚上12点还不睡。今天清早起来又玩。曾品呀，这样下去怎么得了！

曾　品　（向里瞅一眼，站起又坐下）

外　婆　你爸爸在外面修高速公路，工地换到了附近，他今天会回来的。外婆我实在管不住你了，只好让他来……（严厉地）让他来收拾你！

曾　品　（一惊，又静下来继续玩，边按键边说）外婆，别啰唆好不好，你总拿老爸来吓唬我！

[这时，曾品的爸爸曾兴手拿一把篾块气冲冲地闯了进来。曾品一见，像梦里一般吓坏了，从座位上弹起，想逃。他爸爸不容分说，大步上前揪住他的耳朵，在他屁股上一顿乱抽。

曾　品　哎哟哟，痛死我了，哎呀，外婆，救命呀！
　　　　　[外婆不知去哪里了，随他爸爸打。

曾　品　（央求）老爸，我改好吗？

爸　爸　（停下，出粗气）你改，你改，改了多少次了。你看你，眼睛近视了，成绩一落千丈，气死我了。（又狠狠地抽几下）

曾　品　爸，我再也不这样了。

爸　爸　你给我跪下，听着。
　　　　　[曾品老实地跪下，抽噎。

爸　爸　我在外打工，累死累活。你外婆 60 多岁了，给你洗衣、做饭，你就这样不争气。（举起篾块又要打）
　　　　　[咚、咚、咚，有人敲门，在叫"舅舅"，谢旦来了。

谢　旦　舅舅，舅舅，开一下门，我有事找你，我是谢旦。

爸　爸　（对曾品）谢旦来了，起来，去开门。
　　　　　[曾品得救了，慢慢地起身开门。爸爸将手中的篾块丢在一旁。

谢　旦　舅舅，听说您回来了，我就来请你们。

爸　爸　曾品，还不叫声表姐？

曾　品　（不好意思）姐姐。

谢　旦　我们班要演个课本剧，内容是有关"网上呼救"的，我在剧中扮演节目主持人。曾品，老师说你有表演天才，让你参与我们的活动。（上前拉他的手）你先去看一看，舅舅也去。

曾　品　（固执地）我懒得去。

谢　旦　还没吃早点吧，我给你带了蛋糕来。（说着，将一袋蛋糕塞到曾品手中。曾品不客气地咬了几大口，腮帮子鼓了起来）
　　　　　[三人在场上走一程，来到了课本剧剧场。

谢　旦　舅舅,曾品,你们就坐这儿吧。

二

[谢旦持话筒走向观众。端庄,大方。

谢　旦　观众朋友,我们今天演的课本剧叫《天那边的呼救》,说的是1997年的某一天,在美国德克萨斯州的一个小男孩和芬兰一个女大学生的故事。这故事新奇而又现实。(退下)

[美国小男孩桑恩背着书包,兴致勃勃地玩手机,走在回家的路上,一按一按,英语儿童歌曲响亮地播放出来。桑恩的同学华裔女孩陈琴在后面叫他。

陈　琴　桑恩,桑恩,等等我。放学后,我扫地去了。

桑　恩　陈琴,你看,有网络真棒,可以第一时间听到世界各地美妙的音乐。网络把整个世界连成了一家。哦,你来美国几年了?你常听中国歌曲吗?

陈　琴　我来美国三年了。我们中国歌曲很动听,你一定喜欢。

桑　恩　是吗?

陈　琴　中国蒙古族歌曲《吉祥三宝》的歌词和曲子都很有趣。你听:

小女孩问:"爸爸,太阳出来月亮回家了吗?"

爸爸回答:"没有。"

小女孩问:"星星出来太阳去哪里了?"

爸爸回答:"在天上。"

小女孩问:"我怎么找也找不到它?"

爸爸回答:"回家了。"

女儿爸爸合:"太阳月亮星星就是吉祥的一家。"

桑　恩　(思忖)太阳月亮星星就是吉祥的一家。

陈　琴　我想,我想——整个世界应是吉祥的一家。

桑　恩　(握住陈琴的双手,跳着)你怎么说得这样好;对,整个世界应是吉祥的一家。

陈　琴　你看,你到家了,明天见!

桑　恩 （甜甜地笑）我到家了。Bye-bye。

陈　琴 （挥手）整个世界是吉祥如意的一家。Bye-bye。

三

[桑恩掏出钥匙，开门，进屋。

桑　恩 妈，我回来了，妈。

妈　妈 （提着洒水壶出来）我的孩子，妈正在后院浇花呢，赶紧吃饭吧。

桑　恩 妈，我吃过饭了。我要在网上聊天，还要在网上学一首中国歌曲《吉祥三宝》。

妈　妈 好，我浇花去了，有什么事就叫我吧。

[桑恩在台左的电脑前坐下，很快进入状态。悠扬的歌声《吉祥三宝》响在耳际。

"妈妈，叶子绿了什么时候开花？

……

花儿叶子果实就是吉祥的一家。"

[歌声中，一位女大学生款款走出，在台右的电脑前坐下，轻点鼠标，专注地查资料。

[节目主持人谢旦，飘逸的发式，飘逸的裙子，仙女似地飘到台中央。

谢　旦 观众朋友们，我左边的这位是美国登顿县男孩桑恩，他酷爱网络，富有爱心；右边的这位是欧洲芬兰首都赫尔辛基的大学生苏珊，她奋发向上，深夜了，还在做课题研究。他们之间横着大西洋，相隔千万里。我，是站在大西洋高空，向各位介绍一个离奇而动人的故事。

[苏珊按键、翻书。翻着，翻着，格外高兴。站起来，转个圈，举起双手。

苏　珊 （大声）我，成功了！这个信息，对于我的课题，多么有价值！上帝呀，上帝！

[苏珊喜极悲来。她正欢呼，骤然感到头晕眼花，两腿发软，瘫倒在地。她手捂额头，口叫"哎哟"。

苏　珊 （痛苦万分）我，旧病复发，怎么办？身边没有人，脚走不动，电话机还在走廊里，怎样才好？啊……（露出一丝笑容）啊，可在网上呼救，网上呼救！

[苏珊揉着双腿，艰难地坐到凳上，按键，勉强打出一行字。

[桑恩站起，伸懒腰，准备关机，突然发现网上有异常情况，急切地往里喊："妈，妈妈，快来呀！"

妈　妈　（急匆匆跑出来，洒水壶失手落在地上）孩子，孩子，出了什么事？

桑　恩　妈，你看，一个女孩，苏珊，还是黑色粗体大字。

妈　妈　（凑近电脑，念）"有人能帮助我吗？我呼吸困难，左半身全无感觉，走动不得，附近没有人。"

桑　恩　妈，怎么办，我们能救她吗？

妈　妈　（十分反感）孩子，这肯定是恶作剧。我讨厌别人拿瘫痪来开玩笑。关机吧！

桑　恩　妈，万一她真是急病发作呢，我们得帮助她。

[苏珊挣扎着，想走动，又跌倒在地。她用全身力气按键，打出几个字。

桑　恩　妈，你看，又有信号。

妈　妈
桑　恩　（念）"好心的朋友，帮帮我吧！"

桑　恩　我们一定得想办法。妈，我小时候哮喘发作，疼痛难忍。我们要体恤别人。

妈　妈　好，我们赶紧问她。（快速打字）"你在什么地方？"

桑　恩　（不觉念出声来）你在什么地方？

[苏珊吃力地按健，回答。

妈　妈　孩子，快看：她是在芬兰，欧洲的芬兰。相隔千万里，简直是在天那边。（加速按键打字，大声念出）"你不是在开玩笑吧？"

谢　旦　（担忧地）观众朋友们，苏珊担心的事终于发生了。她最害怕的是别人误会她是在开玩笑。该怎么办呢？

[苏珊让身子向右倾斜,以减轻左半身的刺痛和麻木。(边打字边念)"我向您保证,我不是开玩笑,请救救我!"

[苏珊的呼救声在天空中回旋:"我向您保证,我不是开玩笑,请救救我!"

谢　旦　苏珊在天那边的呼救有了希望。桑恩和他母亲商量,决定打电话给县政府,请政府出面和苏珊所在地的紧急救援中心联系。

妈　妈　(掏出手机拨电话)喂,喂,县政府值班室吗? 哦,是这样,我的儿子桑恩,在互联网上遇到一个女大学生,她紧急呼救……她叫苏珊……好的,好的(向桑恩示意)快,快,向苏珊要救援中心的电话号码。

[桑恩打字,那边苏珊回复。

妈　妈　请记下,先生,电话号码是:9022743456,啊,还有,要问清对方的详细地址。(向桑恩打手势)快,快,向苏珊要地址。

[桑恩打字。苏珊疲乏地按键。

妈　妈　先生,苏珊现在赫尔辛基理工学院图书馆三楼电脑室,记清楚了吗? 好的,谢谢!

[桑恩和他妈舒了一口气,笑了。

[传来汽车的喇叭声。救援人员甲、乙搀扶着苏珊往医院送。"嘟——"汽车开动了。

谢　旦　观众朋友们,苏珊的网上呼救成功了。这时的芬兰已是凌晨两点多。4 天后,美国登顿县官方接到芬兰方面的来电:多亏互联网上的那位美国小男孩,苏珊已获得医疗救助,情况良好。10 多天后,苏珊乘飞机来到桑恩家里致谢。你看,他们多么亲热。

[苏珊和桑恩及其母亲热烈握手,连声说:"谢谢,谢谢!"

[《吉祥三宝》音乐声中,全体演员亮相。

谢　旦　不管是远在天边,还是近在眼前,

不管是亚洲、欧洲,还是南美洲,

网络把整个世界连成一家。

网络改变了我们的生活，

让我们的世界更温馨、更繁华。

桑　恩　我们痛恨毒品，痛恨战争，

我们整个世界应是吉祥的一家。

陈　琴　叔叔阿姨们，我们不需要龌龊的网络，

我们要在洁净的环境里萌芽、开花。

[谢旦走近曾品和他爸爸，把他们拉进演员队伍。

曾　品　(看着爸爸)爸爸像太阳照着妈妈，

妈妈像绿叶托着红花，

我像种子一样正在发芽，

我们三个就是吉祥如意的一家。

谢　旦　(看着曾品)我们不要沉迷于网络的黑洞里，

我们要珍惜自己花样的年华。

[曾品和他爸爸微笑点头。

全　体　我们整个世界是吉祥如意的一家！

（剧终）

参考人教版《语文》五年级下册《综合性学习：走进信息世界》有关资料编写。

墨绿色的伞(话剧)

梁阜球　游娇雄

时　间　现代。秋末。下午放学后。

地　点　湘中小镇。街道上。

人　物　小焕，男，11岁，五年级学生。

陌生人，男，近60岁。

［小焕背着书包蹦蹦跳跳地走出学校。

小　焕　今天的数学题难做死了，一点空余时间也没有。妈妈给我香蕉、橘子，我自己还有两个口香糖，都还没吃呢！（手往书包里摸）现在放学了，自由自在了。（狼吞虎咽地吃完一只香蕉，随手把皮丢在路上，又边走边拿出橘子来吃……）

　　　　［陌生人跟着出来。他提着宽口尼龙袋，另一手拿铁钳，戴黑色鸭舌帽，露出花白头发，大半个脸被口罩遮住了。他偷偷地瞟小焕一眼，用铁钳夹起香蕉皮放进袋里。

小　焕　（把一瓣橘子刚放进嘴，脸变）哎呀，酸死我了！（一下把橘子连皮带瓤往地上丢）

陌生人　（跟在小焕后面，看到他的举止摇了摇头，又用铁钳夹起未吃完的橘子往袋里放）

小　焕　（这才注意到有人跟着他，停住，将陌生人从上到下打量一番）老人家，我好像在哪里见过您？

陌生人　（摇手）

小　焕　您不会讲话吗？

陌生人　（迟疑一会。点头）

小　焕　您跟着我干吗？

陌生人　（用手势说明）你把废物随便丢在马路上，不该，不该！要把废物丢到垃圾箱里！

小　焕　您的意思我知道。您看，那些大人，（学样）一边嚼甘蔗，一边吐渣子，什么卫生纸、塑料袋也随手扔……

陌生人　（做手势，态度好坚决的）你这样说就不对了。大家乱丢垃圾，大家都不舒服。你要学好样。

小　焕　您的意思我知道。

陌生人　（点头）知道就好。（仍跟着他）

小　焕　（略停，似乎意识到）啊，您是拾破烂的！（再次打量他）您常在我

107

们那里拾破烂,是吗? 难怪我们有点熟。(忙从书包里寻出娃哈哈瓶子,拧开盖,将瓶子里剩下的一点饮料甩掉,盖好。动作飞快) 这瓶子给您,能换一毛钱,不要跟着我了!

陌生人 (接过瓶子,伸出大拇指夸小焕,可还是跟着他)

[忽然,一阵风刮起路上的落叶,雨哗哗地来了。

小 焕 (看天色,着急)下雨了,没带伞,怎么办? (忙用书包盖住头,小跑)

陌生人 (急匆匆从尼龙袋里取出伞,拉开塑料套,撑开,那是一把墨绿色的伞,他大步赶上小焕,将他拉到身前,让他钻进伞下)

[他们慢慢地走着。雨伞明显地向小焕倾斜。小焕挽着老人的胳膊,老人瞅着小焕的脸蛋,那么亲近。

小 焕 老人家,伞歪了。

陌生人 (摇摇头)没歪呀!

小 焕 (不解地)怎么没歪? 明明是歪向我这边了呀!

陌生人 (笑而不答)

小 焕 (自语)啊,我想起来了。我们学过一课书的,那叫《倾斜的伞》。讲的是外公和外孙走在一片雨的世界,外公生怕外孙淋湿,自己的一边肩膀却湿透了。我多么像书上的小孩,老人多么像书上的外公。我被绿色包裹着,多么幸福!

[场外男中音:这是把倾斜的伞,一把墨绿色的伞,一把充满温情的伞。我会永远珍惜它,爱护它。

小 焕 (仰头看看老人,又看看伞,像是发现了什么,惊讶,自语)这伞上有字:"绿色,生命的颜色。"这是我爸爸的字迹。刚才怎么没注意呢? "绿色,生命的颜色",肯定是我爸爸写的。这把伞,是我们家的,怎么到了这陌生人手里? (用疑惑的目光打量这身前的老头)啊,对了,他是拾破烂的,我家的伞可能放在走廊上,被他顺手牵羊带走了。他拿别人的东西。(语气加重)他拿别人的东西,他不是好人。(停住,又一次审视这神秘人物)他为了我,身子被淋湿了,是好人;不,他乱拿别人的东西,乱拿别人的东西,

108

不是好人。

[小焕毅然离开陌生人,向雨中走去。陌生人急了,赶紧将小焕拉回来,小焕任性,一定要离开他;陌生人坚定,紧紧扯住他。

陌生人 (做手势。指指雨,摇摇头,撒撒手)等一会,雨停了,你就走吧!

小　焕 不跟你走,我就要回去,跑回去!

[小焕用力挣脱,用书包盖住头,走在雨中。陌生人丢下尼龙袋抢前一步,弯身抱住小焕。小焕双手乱拍陌生人的肩膀,无意中将他的口罩打落下来。

小　焕 (一看陌生人的脸,略一定神,惊愕万分,叫道)外公,我外公!(双手捧住外公的脸)怎么是您呀,怎么瘦成这样了?我都认不出来了!脸上这长长的伤痕怎么来的?

[小焕紧紧搂住外公。外公轻轻抚摸他的头,泪水夺眶而出。

小　焕 (仰望外公)听妈妈说,您得了可怕的病,口腔……癌什么的,去年在北京动了大手术,大手术,还从腿上截了段骨头补上,住了好几个月医院,是吗?妈妈说,您的气管受了损伤,讲不得话了,一句也讲不出了,是这样的吗?

外　公 (凝神望着小焕,抹去他脸上的泪水)可爱的孩子,你好懂事啊!

[外公望望天空,雨停了,收拢伞。小焕拾起口罩,拂去灰尘,要给外公戴上。

外　公 (手势)我自己来,换一个,我自己戴!(从口袋里掏出一个新的戴上)

[祖孙俩亲密地边走边谈。

小　焕 外公,我知道,您是老师,经常写书,写给我们孩子看的书。您有本书没写完,是要我们爱护环境的。您说,环境保护,最重要最重要的是要让每个公民都养成一种环保意识。外公,您昨晚才来我家吧!您今天出来,是为熟悉生活,还是来接我?是瞒着妈妈吗?不让大家认出您,是吗?

外　公 (停住,把小焕拉到怀里,似有无限感慨)

小　焕 您不能回答我,外公,要是能回答我,多么好!(哭泣)

外　公　（取下口罩，嘴唇张合）我将来会好起来的，能讲话的，不哭了。

小　焕　（看到外公的趣脸，倒笑了）外公，我多么希望能听到您的声音，对了，您朗诵语文教材《地球万岁》的磁带，我经常带着。（从书包里取出单放机，按一下键钮）外公，您听：

[外公声情并茂、动人的诗朗诵声声入耳。

在浩瀚无边的宇宙，

有一个美丽的地球

它是人类的家园，

它是太阳和月亮的朋友。

所有的日子，

都在地球上印下痕迹；

所有消逝的事物，

都在地球的记忆中存留；

哪怕仅是一个普通的春秋，

哪怕仅是一个小小的追求。

所有的儿童，

都是爸爸妈妈的孩子；

所有爸爸妈妈，

都是地球的孩子；

不管你是总统还是百姓，

不管你是贫穷还是富有。

……

森林是大家的，

草原是大家的，

荒凉的戈壁和沙漠也是大家的。

地球教导我们：

珍惜生存的家园，

学会利用和保护。

不要贪婪地索取，

不要奢靡地享受。

……

[朗诵声中，外公提着尼龙袋，小焕用铁钳从路上夹起一只塑料杯装进袋里，又夹起一张广告纸、一个小玻璃瓶……

（剧终）

导演心语：儿童剧是一种"种子文化"，种在孩子们心里，将来会生根发芽。

长方形奶奶的生日 PARTY（数学课本剧）

梁阜球　王丽燕　刘胜娥

时　间　现代。

地　点　XX 小学。

人　物　小长方形、老长方形、正方形、平行四边形、三角形、梯形、圆形。

（各角色由五、六年级学生扮演）

环　境　多媒体舞台背景。

第一场　小长方形找伴接客（大屏幕字幕）

[背景：鸟语花香。横幅：长方形奶奶的生日 party。音乐：生日快乐歌。

[音乐停，背景：卡通长方形。台左上。头戴写有"小"字的长方形面具，跳跃着。

小长方形　我叫小长方形，今年 11 岁。我爸爸妈妈在外地打工，我跟着他

111

们在外地读书,都好几年了。奶奶今天满七十,叫我当接待员,可是我还有好多亲戚不认识呢!(想,抓后脑勺)不出洋相才好,得找个伴儿!(在台上来回走着。背景音乐:找朋友)

正方形 (台左上。音乐停,卡通正方形。头戴正方形面具,背挎包,老练,规矩地)今天是六月二十八,我满脸高兴笑哈哈,外婆今天满七十,爆竹一响叭叭叭。

[小长方形从台右折回,正方形和他撞个正着。

小长方形 哎呀呀,你是谁? 怎么这样不小心?

正方形 (一看,惊喜)小妹妹,你怎么不认识我了? 你奶奶是我外婆,我妈妈你叫姑妈。(背景:卡通正、长方形手拉手)

小长方形 对了,你是我表哥,正大哥!

正方形 我们的关系可亲呢!(照着长方形面具,比划着)算你的面积是长乘宽,(比划自己)我是特殊的长方形,我的长和宽一样长,所以我的面积是(一字一顿)边长乘边长。

小长方形 算我的面积,长乘宽;算你的面积,边长乘边长。记得了,记得了。我们是亲戚。正大哥,我正要找个伴儿,你人熟,我们一起去门口接客人吧!(同下,音乐起)

第二场　四图形路中争吵(大屏幕字幕)

[音乐起,小鸟在前面带路……

[平行四边形、圆形台左上。他们各戴相应的面具,手拉手。平行四边形着西装,系领带,斜眼歪嘴,跛脚。圆形的肚皮上还盖着一个大圆形,挺腹,胖乎乎的。音乐停。

圆　形 平大哥,长方形奶奶就住在河对门,我们快点去吧!

平行四边形 (气喘吁吁)我有点走不动了,歇歇吧!

圆　形 你腿脚不方便。不像我,滚一滚,就能走去好远,嘻嘻!

[带有相应面具的三角形、梯形台左上。他们前后紧跟,步伐轻松,很快赶上了前面的平和圆。三角形无意间碰了一下平行四边形。

平行四边形 请问两位先生,你们到哪里去?

三角形　我们的长方形奶奶今天满七十,我们是她的亲戚,要去给她贺生日。你们要去哪里?

平行四边形　我也是给她去贺生日的!

圆　形　我刚才在路上认识平大哥,我不认识路,就跟着他走!

梯　形　老奶奶满七十,只通知我们亲戚,你们啊,还是早点回去吧!

平行四边形
圆　　形　　我们也是亲戚!

三角形
梯　形　　你们这形状也是长方形的亲戚? 不要骗人吧!

平行四边形　(有点气愤,手指对方)你们怎么讲话不讲礼貌,怎么随便下结论? 你们才不是长方形的亲戚!

三角形
梯　形　　我们怎么不是?

平行四边形　我怎么不是? 我还是她的正亲戚!

圆　形　我奶奶说了,我们就是亲戚!

三角形　(劝梯形)不理他们,我们走吧! (拉着梯形同下)

圆　形　他们真瞧不起人,气死我了! (抓耳挠腮)我去还是不去呢? 我要问问我奶奶。(边打电话,边下)

平行四边形　我才不相信他们呢,走,赴宴去! (两手一甩一甩,两脚一跛一跛,下)

第三场　亲戚齐聚长方形家(大屏幕字幕)

[小长方形、正方形同上。

小长方形　客人怎么还没来呢? 我很想见他们呢!

正方形　(拿出手机,一看)时间还早。(向什么人拨电话)喂! 啊! 平行四边形,你已经到了路上,快来! 快来! 我们等着呢!

　　　[三角形、梯形同上。

正方形　(向小长方形介绍,握手,亲切地)这是三角形,这是梯形。

　　　[正说着,平行四边形一拐一拐上。

平行四边形　(高声地)正方形老大哥!

正方形　（热情地扑向平行四边形,拥抱又松开）平先生,几年不见了,还是老样子!（将小长方形拉近）让我来介绍,这位客人叫平行四边形,在外面当老板呢!他爸爸是你表叔。你看,（背景演示,动画）把他左边切下一块补到右边,就和你们长方形一样了。实际上,他的底是长方形的长,高相当于长方形的宽,算他的面积是底乘高。

小长方形　（叹息）还要这样切、补,难怪他走路不太方便!

三角形
梯　形　（指指平行四边形）看来他真是长方形的亲戚,我们要服输了。

正方形　（向三角形招手）往这边来!

三角形　（主动走到平行四边形面前）平先生,是我错了,对不起!

正方形　不用客气。我一讲,你就明白了。我们亲着呢!两个你这样拼一拼,就成平行四边形了。（动画演示两个用硬纸做的任意全等三角形拼给观众看）平行四边形的面积等于底乘高,算你的面积也等于底乘高,不过一定要再除以二哦。

梯　形　（有些着急）正方形大哥,那我呢?

正方形　你嘛,你和平行四边形也是表兄弟,你妈和他妈是姐妹。两个你拼起来也成平行四边形了。（动画演示两个完全一样的梯形）

梯　形　可是我妈说,我才是长方形奶奶的正亲戚,三角形、平行四边形是远房亲戚。不信,你瞧!（动画演示:梯形演变成平行四边形、三角形,数据和公式随着发生变化,梯形的上底和下底相等时就成平行四边形,梯形的面积公式$(a+b)h \div 2$,当 a 和 b 相等时,就成了平行四边形面积公式 ah;当梯形的上底变了 0,梯形的面积公式就变成了三角形面积公式 $ah \div 2$）

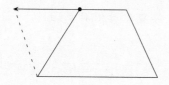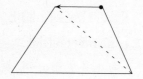

众图形　（齐声,拍手）神奇!神奇!

[正热闹时,圆形慢吞吞上场。

圆　形　刚才遇上大堵车,不好意思,我来迟啦!

梯　形　圆圆,叫你早点返回,怎么又来了?

圆　形　我也是长方形的亲戚,我奶奶让我来的!

三角形　你有什么证据?

圆　形　(一时说不出话)我……

众图形　你骗人吧!

圆　形　(哭起来,擦着眼泪)我没骗人,哇——

老长方形　(戴着写有"老"字的长方形面具,清瘦,有点像宋丹丹,迈着八
　　　　字步。台左上)不要争了,不要争了,谁在哭呢?(学着宋的语气)

众图形　(齐声唤)老奶奶!

圆　形　(伤心地,扑到老奶奶怀里)我奶奶身体不舒服,打发我来给你祝寿。

老长方形　我来告诉大家,圆形是我家的远房亲戚,他奶奶和我是堂姐
　　　　　妹。(动画演示:若干条直径将圆分成若干小三角形)你们看,这图像
　　　　　个大月饼。在切月饼时,每一刀通过圆心,就可以把月饼切成好多好
　　　　　多小三角形。把好多小三角形一拼,就和我一样,成为长方形啦!

众图形　(惊叹)啊,原来是这样!

老长方形　长方形面积等于长乘宽,长等于圆周长的一半,宽就等于半径,
　　　　　所以圆面积等于圆周长的一半乘半径。简单说是:半径×半
　　　　　径×π,用公式表示就是 πr^2……

梯　形　(跑到圆形前,激动地说)圆老弟,对不起啦!

众图形　(齐声)圆老弟,对不住!

圆　形　我奶奶还说,我们和三角形也很亲的,你们看:(动画演示)

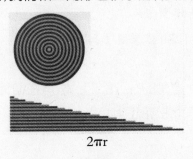

$2\pi r$

我变成三角形后，底是最外面那个圆的周长 2πr，高是 r 的一半，根据底乘高除以 2，就推出了圆面积公式 πr²。

三角形 （不好意思地挠挠头）圆老弟，不好意思，是我才疏学浅……

老长方形 （热情地，张开手）你们都是我的亲戚！我们都是平面图形家族里的好成员！

众图形 （齐声）我们都是好亲戚，同祝老奶奶生日快乐。

　　　　〔全体将面具取下，翻转，背面都写着相应图形面积的计算公式。略停。简短舞蹈。有秩序地下。

（剧终）

参考眭双祥《长方形过生日》一文改编。

华清池的枪声（话剧）

李世奇　谢爱萍

时　间　1936 年 12 月。

地　点　陕西省西安市临潼华清池。

人　物　蒋介石　近 50 岁，中华民国军事委员会委员长。

　　　　张学良　又名张汉卿，30 多岁，东北军总司令。

　　　　杨虎城　40 多岁，第十七路军总指挥。

　　　　东北老汉　60 多岁，难民。

　　　　东北难民、青年学生若干。

　　　　蒋介石侍从 1 名，张学良士兵 2 名。

一

〔雪花飘扬。凄楚的《松花江上》歌声在彻骨的寒风中回荡：

我的家，在东北松花江上，

116

那里有森林煤矿，

还有那满山遍野的大豆高粱。

……

[歌声中，一群东北难民扶老携幼艰难地走来。一疲惫老汉拄拐杖，一儿一女背包袱跟随。走着，走着，老汉滑倒在雪地上，人们赶紧将他扶起。

老　汉　（颤抖地伸出右手，满腔愤怒）张学良呀，张学良，你穿的是东北人的衣，吃的是东北人的粮。你安的什么心呀，一枪不放，就把整个东北送给日本豺狼。如今呀，我们几十万同胞无家可归，到处流浪。

全体难民　（悲愤地唱）流浪！流浪！整日价在关内，流浪！

哪年，哪月，才能够回到我那可爱的故乡？

哪年，哪月，才能够收回我那无尽的宝藏？

……

[难民们饥寒交迫，背井离乡，一步一颤，走向那迷茫的远方。

二

[台中三把坐椅。台左竖木牌，牌上写有醒目的大字：西安华清池。

[蒋介石的侍从身别手枪，正步走出来。

侍　从　我，蒋委员长的侍从，为保卫他的安全，毫不吝惜自己的生命。

（说"蒋委员长"时，陡然一个立正姿势，说完毕恭毕敬站于台右）

[蒋介石戴礼帽，着长袍，双手交叉靠背后，慢步走到台前。

蒋介石　我，威风凛凛蒋介石，谁人不晓，哪个不知。黄埔军校校长，我就是！北伐军总司令，我就是！当今中华民国军事委员会委员长，我就是！俗话说，天无二日，我怎能容忍共产党和我闹对立！前几天，我来到这里，西安华清池，为的是督促张学良、杨虎城快刀斩乱麻，把共产党扼死在摇篮里！（一转身，坐到椅子上，架起二郎腿，看起文件来）

[张学良、杨虎城心存忧虑，一前一后上场。

杨虎城　张将军，我看我们这一次去见蒋委员长，恐怕是凶多吉少呀。

117

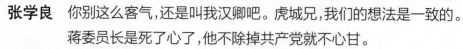

张学良 你别这么客气，还是叫我汉卿吧。虎城兄，我们的想法是一致的。蒋委员长是死了心了，他不除掉共产党就不心甘。

杨虎城 我们要明白告诉他：停止内战，一致抗日。

张学良 我们决不让步，我们尽最后一次努力。

杨虎城 好，就这样办。（敲门）委座，我们来了，委座——

［蒋介石收好文件，起身开门。

蒋介石 （高兴地）两位将军来得正好，我正要找你们。

张学良 委座亲临西安，一路辛苦了。

蒋介石 不，不，两位将军辛苦了。（面对张学良，打量）汉卿呀，年轻的将帅，党国的栋梁啊！

张学良 委座过奖了。

蒋介石 （客气地）请坐，请坐。

［二人坐下。

张学良 委座，我们特来拜见，是谈"停止内战，一致抗日"的事。

蒋介石 （立刻沉下脸来）看，又是这一套。

张学良 委座啊，小日本的狼子野心，您还看不出来吗？他既占我东北，还要占我华北，进而吞并全中国，胃口大得很。我们再不反击，就会成为千古罪人呀！

蒋介石 没那么严重。我们的当务之急是消灭共产党，"攘外必先安内"，这一点我已经讲过多少次了。

杨虎城 委座，共产党发表了《八一宣言》，倡议各党各军团结起来，共赴国难，我党何不来个顺水推舟？

蒋介石 （被激怒，站起）虎城，你糊涂啊，说出这种话来，我看你被共产党洗脑了。

张学良 委座，内战若继续，削弱的是咱中国人的力量，坐收渔人之利的是小日本。

蒋介石 汉卿，你不要再讲了，你辜负了我对你的期望！我决心已定，剿共不可动摇！明天你们必须亲临前线，坐镇指挥！

张学良 （站起，掏出一纸电文，声泪俱下）委座，这是您"九一八"事变后给我不抵抗日寇的密电。为维护您的尊严，我委曲求全，在全国人民面前，我担当了不抵抗将军的罪名。（扬起电文，越讲越激动）如今，我东北三千万父老乡亲在日本人的铁蹄下痛苦呻吟。您作为最高统帅，怎能视而不见！停止内战，一致抗日，是民心所向。您一意孤行，怎能对得起全国父老乡亲，又怎能对得起孙中山先生在天之灵！
［蒋介石板起脸孔，沉默不语。

杨虎城 （慢慢站起）委座，汉卿说得有理，您要三思啊。如果您同意抗日，全体东北军、西北军将士坚决服从您的指挥，中共也拥护您为中国的最高领袖。

蒋介石 （恼羞成怒。顺手提起椅子顿地板）我告诉你们，你们这是和共产党一个鼻孔出气。即使你们用枪顶着我的脑袋，我也必先"剿共"而后抗日。

张学良 （沉住气，苦口婆心）内战无论谁胜谁败，削弱的是中国的国力。日寇亡我之心不死，委座要以民族利益为重啊！

蒋介石 （不耐烦）好了，你们不要再讲了。（挥手）你们去吧！

杨虎城 委座，我们无话可讲了，汉卿，我们走。（刚走出几步）

蒋介石 （气急败坏，高声大叫）站住，给我回来！（张、杨站住）你们大逆不道，无法无天，给我滚！
［张、杨大步走出门来。蒋介石气得一屁股坐到椅子上，两眼发呆。

蒋介石 （气呼呼地）来人！
［蒋介石的侍从立即走到他身边，给他捶背。张、杨二人已到台前。

张学良 虎城兄，看来我们没有别的路可走了。

杨虎城 事不宜迟，我们马上动手，干！

张学良 把他扣押起来。

张学良
杨虎城 （坚决地）准备去吧，把他扣押起来！

119

三

蒋介石 （瘫在椅子上自言自语）怎么，我头晕得很，怎么，天旋地转！

侍　从 委员长，您要保重！

蒋介石 张学良、杨虎城，他们哪里去了？

侍　从 他们早就走了。

蒋介石 （忽然站起）天无二日，共产党与我不共戴天。张学良、杨虎城，你们与我蒋某不是一条心，不是一条心。我要不择手段，不择手段。

［叭，叭、叭、叭、叭……雨点般的枪声传来，蒋介石从梦中惊醒："怎么，反了？反了！"吓得两手打颤，东躲西藏，只恨入地无门，惊慌中，侍从将他藏到椅子后面。看得见，他的两只手在椅子靠背上方不停地打颤。

［张学良的两个士兵边走边搜索。蒋介石的侍从举枪瞄准，张的士兵发现，迅速还击，侍从应声倒地。

［张的士兵把蒋介石从椅子后面揪到台前亮相。

［手持红、绿色小纸三角旗的青年学生在台前鱼贯而过，高呼口号：停止内战！一致抗日！全国人民团结起来！

［全体演员在《松花江上》歌声中挥手，向观众致谢。

（剧终）

2013 年 12 月 18 日

粽子情（话剧）

陈杰岚　李世奇　梁阜球

时　间　现代。粽子飘香、雏燕待哺的时候。

地　点　湘中小镇。平地和山坡的交错地带。

人　物　佳佳　女，12岁，六年级学生。羡慕时尚，不爱学习。要懂事，不懂事；想自立，不能自立。

母亲　农民工，40多岁。疼爱女儿，教育方法不当，恨铁难成钢。

陈爷爷　退休工人，60多岁，做点街头小生意。朴实厚道，富有爱心。

群众演员若干。

一

[佳佳家里。一张桌子，一条小凳。桌上凌乱地放着练习本、考试卷、易拉罐和一些麻辣食品的废包装袋。

[母亲急匆匆地走出。她衣着简朴，额头上现出细细的皱纹。一边向内大声喊，一边拍打身上的灰尘。

母　亲　佳佳，佳佳——我的宝贝女儿！

佳　佳　（台内答应）怎么啦？妈妈，急什么？

母　亲　怎么啦，太阳出来晒屁股了，还不起床。今天是星期六，我包了粽子，煮了土鸡蛋，早点带你到舅舅家去，帮你补习数学。

佳　佳　（很时尚的，戴着耳机，听着音乐，懒洋洋地走出来）妈，我早就起来了，你操什么心！

母　亲　我的宝贝女儿，你满 12 岁了，就要小学毕业了。要是你成绩不错，能上个好中学，我就放心了。（把一只粽子递给女儿）快吃完早点，我们快点动身吧！

佳　佳　笨死了,吃、吃、吃,要把我吃成肥猪啊。(顺手把粽子扔在一旁)

母　亲　不吃就不吃吧。看你桌子上乱七八糟的,这些垃圾也要我来清理。

佳　佳　(意识到什么,忙摘下耳机,去收桌上的试卷)妈,不用你动手,我来整理好了。

母　亲　(眼明手快,忙抢住试卷,扬起,念出声来)啊,原来这是你最近的考试成绩:语文61分。数学39分,(语气加重)39分。(拿试卷的手在空中发颤)你的成绩怎么差到这地步,你完全没有把心思放在学习上,你就知道玩!

佳　佳　(无所谓的样子)我这不就是粗心、马虎点嘛!

母　亲　粗心,马虎?再粗心也不至于打39分,还有——

佳　佳　(打断母亲的话)这有什么了不起的,有同学比我的成绩还差呢。

母　亲　(气极,大声)你还嘴硬,你为什么不和好的同学比?你太伤我的心了,成绩这么差!

佳　佳　(也吼起来)伤你什么心,成绩,成绩,你只晓得成绩。你从来不疼我!别的同学吃香的,穿名牌,出国旅游,你知道吗?我简直不想呆在这个家了!

母　亲　你这贱东西!(气得扇女儿一巴掌)还要我怎么服侍你,饭来张口,衣来伸手!你不想呆在这个家,你就给我滚,滚!

佳　佳　好,我就滚,我没有你这样的妈妈!

母　亲　你滚,你走了,永远不要再回来!

　　　　[佳佳哭了起来,拔腿往外走。母亲气得发抖。

母　亲　(好一阵才回过神来)站住,你给我站住!你往哪里跑?你还没吃早饭呢,站住!(气冲冲追了出去)

二

　　　　[汽车喇叭声。街头响亮的叫卖声:"粽子,土鸡蛋,味道好极了。粽子,喷喷香;鸡蛋,有营养。粽子,土鸡蛋……"

　　　　[一位60多岁的老头伴着叫卖声出场。他推着小板车来到街头经营。顾客们陆陆续续买他的食品,夸他的好手艺:"陈爷爷,你

包的粽子真香。""陈爷爷,真的,味道好极了。"

陈爷爷　(笑容灿烂,高声)粽子,土鸡蛋,味道好极了。粽子,喷喷香;鸡蛋,有营养。粽子,土鸡蛋……

　　[佳佳疲惫地走出,夹在顾客中间,东摸西摸自己的口袋。

陈爷爷　粽子,土鸡蛋。最后三只粽子,两个土鸡蛋,谁来买?(看天色)天快黑了,收摊了。

　　[顾客走了。佳佳无奈地一步一步走近陈爷爷。停住,擦泪。

陈爷爷　(打量)小妹子,怎么啦,想吃粽子?

佳　佳　(不言语,流眼泪)

陈爷爷　(探身询问)哦,没带钱,饿了大半天了,是不是?

佳　佳　(可怜巴巴,微微点头)

陈爷爷　不要紧,我看你也是真的饿了,不收你的钱,先吃一个粽子吧。(亲切地将一只粽子递到佳佳手里)小孩子正在长身体,可饿不得呀!

　　[佳佳道声"谢谢",接过粽子,剥下粽叶,大口地吃,最后连粘在粽叶上的饭粒也一颗颗地摘下,塞往嘴里。

陈爷爷　(十分同情)孩子,你一个人出来了吧?你爸爸、妈妈呢?怎么会饿成这样?(又给佳佳一只粽子)

　　[佳佳犹疑,不好意思接。

陈爷爷　吃吧,不够吃的话再跟我说,我姓陈,你就叫我陈爷爷吧!

佳　佳　好,谢谢陈爷爷!(深深一鞠躬。刚吃一口,眼泪哗哗地掉了下来)

陈爷爷　孩子,怎么啦,有什么伤心事? 我看你是很乖的,是有礼貌懂道理的孩子。

佳　佳　陈爷爷,我没事。我只是很感激您。您并不认识我,却对我这么好。您给我东西吃,关心我。可是,可是……(说不出口了)

陈爷爷　不要紧,像你这样的孩子,应该是无忧无虑的。我也有个孙女儿,年龄比你小,念四年级了。我们爷孙两个在一起,很亲热、很快乐的。

佳　佳　(内心触动)陈爷爷,我真羡慕您。可是我妈妈太狠心,她只知道

骂我、打我。今早晨,我只和她吵了几句,她就把我赶出家门,要我滚,要我永远不要回家了。(哽咽)

陈爷爷 (稍停。似乎在思索)小妹子,你怎么会这样想?我只不过给你两只粽子吃,你就这么真心感激我。你想想,你妈妈给你生命,辛辛苦苦把你拉址大,煮了十几年饭菜给你吃,你怎么不感激她,还要和她吵架呢?

佳 佳 我妈不像您,陈爷爷!她只看成绩,我哪次考砸了,她就大发雷霆。她心里只有分数,分数就是她的命。陈爷爷,难道孩子们除了分数就没有别的需要吗?我们要唱歌,要和同学们玩,要有多种文化生活,要看看外面的世界哦!

陈爷爷 你真懂事,你说得对。你应该明白,你妈妈的想法、做法都是为你好,是为你将来有出息。你要多和妈妈沟通,要心平气和。

佳 佳 (愧疚地)陈爷爷,我没有这么做。可是她管得太多了,管得太严了,我就很讨厌她。

陈爷爷 哦,难怪了,你就和妈妈经常拌嘴、吵架。你不在乎成绩,故意气她。

佳 佳 我,我……

陈爷爷 噢,我忘记问你了,你妈妈叫什么名字?

佳 佳 (喜悦地)我妈妈叫康淑莲,你认识她吗?

陈爷爷 康淑莲,健康的"康",认识,还很熟呢。你老爸是泥工师傅,在外修房屋,叫陈旭山,旭日东升的"旭",是不是?我们是同一个村的,虎冲陈家。

佳 佳 (拉住陈爷爷的手)那我们是亲房了,爷爷,爷爷!

陈爷爷 孩子,你看,天快黑了。你妈肯定很着急,她在等着你呢。赶快回去吧,我也要收摊了。给你钱打的回去。(拿出一张十元面值的钞票给她)好孩子,快回去吧!

佳 佳 (接钱)谢谢爷爷,我一定会还你的。

[陈爷爷走去很远了,还在向佳佳招手,嘱咐她:"孩子,回去吧,再见。"

佳　佳　（来回地走。胡想。突然换了主意）我不回去，我不回去！我出来一整天了，就这么回去，妈妈肯定不会放过我，一定会狠狠抽我一顿。依她的脾气，一定会打得我死去活来。怎么办？我不回去，我不回去呀！（张开双手，旋转一圈）对了，我要到一个同学家去，躲过这一关。对了，我要去找爷爷，不好意思呀，我不回去呀！（痛哭。走下）

三

[天黑了，远处传来"汪汪"狗叫声。

[母亲提着塑料袋，焦急地走出来，呼唤着。

母　亲　佳佳，佳佳——你在哪？快回来呀，妈在找你啦，佳佳——（掏出手机慌乱地拨）喂，喂，你是，王彩珍家里吗？哦，是这样，佳佳到你那里来没有？没有……（失望。又喊）佳佳，天黑了，快回来，外面不安全呀！

[佳佳怯怯地出现在远处。她避开母亲的视线东躲西藏。

[母亲的手机响了，急忙接话。

母　亲　喂，您是哪一位？我没听清。啊，您是陈爷爷，今下午您看到了佳佳。好的……您给她钱打的，要她回去。太谢谢您了！快一个小时了，怎么，还不见她的影子。（叹气）这孩子也太任性，太不听话了……

[佳佳蹲在角落里，埋下头擦泪。

母　亲　陈爷爷，只是您太看起了。依我的脾气，我要饱饱地抽她一顿，不打不成人……

[一闪，佳佳不见了，跑了。

母　亲　她是好孩子？只是陈爷爷说得好。好，好，只要她回来了，我慢慢教育她。什么？您出来帮忙找她，她就在石拱桥一带，太谢谢您了。我也到这里来了，好的！

[母亲松了一口气，四处张望，目光注视远方。

[陈爷爷拉着佳佳的手，从后面走到母亲身前，给她一个惊喜。佳

佳扑到母亲怀里。

佳　佳　(动情地)妈妈,我错了,妈妈!

母　亲　我的宝贝女儿,你怎么会这样呀。还不快谢谢陈爷爷。

佳　佳　陈爷爷,您是我的好爷爷。

　　　　[母亲忙从塑料袋里拿出粽子、土鸡蛋让佳佳、陈爷爷吃。

　　　　[《母亲》音乐声中,佳佳乐呵呵地吃粽子。

(剧终)

2015 年元月

> 本剧参照网上《一碗面的故事》的情节写成。

> 德国导演塔尔海默:戏剧要用语言来打动观众,语言才是戏剧表达最重要的手段。

"等号"家族的官司(数学课本剧)

谢炤阳

地　点　数学法庭。

人　物　庭长。

　　　　等号、大于号、小于号。(原告)

　　　　约等号。(被告)

　　　　[各角色戴写有"庭长"及"＜、＞、＝、≈"等符号的相应头饰。

庭　长　(神气地上)今天,我们数学王国审判庭开庭,公开审理"等号"家族
　　　　成员状告自己的兄弟约等号违法乱纪一案。下面有请原告与被告

出庭!

[原告等号、大于号及小于号上。被告约等号紧跟在后。

庭　长　大家肃静！下面由原告代表等号先生陈述案情。

等　号　（底气十足地上）尊敬的先生，各位陪审团成员，首先让我自我介绍一下：我是等号家族的族长，等号。一直以来，我们家族成员遵纪守法、处事公平，大就是大，小就是小，相等就是相等，深得人类的信任，因此还有了以我的名字命名的一个重要的性质，"等式的性质"，并委托我弟弟约等号负责法律——《四舍五入法》的执行，足可见我们家族成员在人民心目中的重要性。这是我们无比的荣耀！（略停。环视听众）可是，最近据说我的弟弟约等号在外面胡作非为，公然知法犯法，给我们家族抹黑，我们强烈要求执法机关将这个不法分子逐出我们家族，以维护我们家族的尊严！

大于号
小于号　（激动地喊）逐出他！逐出家族！

庭　长　肃静，肃静！以法律为准绳，以事实为依据。请用事实说话。

大于号　（气愤地上）早些时候客户给他 20 米布制衣服，每件需要 1.2 米布，20÷1.2=16.666…≈17，明明能制 17 件，可他只交了 16 件，还有一件哪里去了？（转身，面对约等号）你这个贪污犯！

小于号　（激动地列举事实）上次有人要买 20 千克香油，每个瓶子能装 1.5 千克，20÷1.5=13.333…≈13，可他硬要别人带 14 个瓶子，这是为什么？（手指约等号）你这个糊涂虫！

庭　长　约等号，想不到你是这样的人，你这种行为公然违背了《四舍五入法》，你在事实面前有什么好说的？

约等号　（从容地）庭长先生，请不要随便下结论！20 米布制衣服，每件1.2 米布，要交 17 件的话，那么最后一件只有 0.8 米布，制成这样小的衣服，你能穿吗？20 千克油，每个瓶子只能装 1.5 千克，如果只带 13 个瓶子，还有 0.5 千克油怎么办？（反问）倒掉吗？浪费吗？（拿出数学宝典）你们看看，现在专门针对这样的实际问题对

《四舍五入法》进行了修订和补充,新增了《进一法》和《去尾法》,像制衣服的时候,20÷1.2=16.666…就要用去尾法,也就是无论尾数是多少都要去掉;去买油的案例中就要用进一法,也就是无论尾数是多少都要入上来。你们不加强自身学习,不更新知识,不分青红皂白冤枉人!

[大于号、小于号羞愧地低下头。等号站出来认错。

等　号　兄弟,对不起,我们错怪你了,是我们几个没有加强学习,对《四舍五入法》的修订和补充不了解。

大于号
小于号　(异口同声)请原谅我们吧!

约等号　没事。请各位放心,我一定忠于职守,《四舍五入法》我是会严格执行的,但在实际问题中要具体情况具体分析,采用合适的方法来解决。这本身就是我们数学王国的一条重要的规则嘛!

庭　长　对!具体情况具体分析。好!现在我宣布:被告约等号胜诉,退庭!

(剧终)

分蛋糕的故事(数学课本剧)

刘友谊　曾波艳　李珊龙

人　物　浩浩　男,10岁,四年级学生。

　　　　浩浩的爸爸、妈妈。

　　　　阳阳　浩浩的弟弟。

　　　　浩浩的四个小伙伴:聪聪、彬彬、慧慧、波波。

　　　　小雨　邻家小妹妹。

时　间　星期日下午。

地　点　浩浩家里。

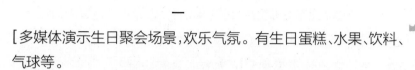

一

[多媒体演示生日聚会场景,欢乐气氛。有生日蛋糕、水果、饮料、气球等。

[背景音乐起:《啦啦歌》开头部分。

浩　浩　(背书包蹦蹦跳跳上)浩浩我今天满十岁,正从学校回家去,爸妈常叫我小淘气,今天是小淘气的生日专场! 嘿,到家啦!

[推门进入客厅,放下书包,原地转一圈。

浩　浩　哇,好漂亮啊! 爸爸,妈妈,我回来啦!

妈　妈　(系着围裙上)宝贝,生日快乐! (把蜡烛插好)

爸　爸　(牵着阳阳从卧室出来)浩浩,生日快乐!

阳　阳　(调皮地)哥哥生日快乐!

爸　爸　(拿起打火机点燃蜡烛)来,我们一起来唱生日快乐歌吧! (音乐响起,浩浩许愿)

阳　阳　(摇着浩浩的胳膊撒娇)哥哥,快切蛋糕吧! 我的口水都要流出来啦!

浩　浩　好的好的,让我想想,我家四口人,每人一块,得平均分成四块。

(沿竖直方向横一刀,竖一刀切蛋糕。多媒体背景演示下图)

阳　阳　(迫不及待地伸手去拿蛋糕)

浩　浩　(连忙用手一挡)别急,想吃蛋糕得先回答哥哥的问题!

阳　阳　说吧,没问题! 我可是班上有名的智多星!

二

[叮铃铃、叮铃铃,门铃响了。

妈　妈　(把门打开)噢,聪聪,是你们呀! 欢迎欢迎! 浩浩,你的小伙伴们来了!

聪聪等四人　浩浩,生日快乐!

精彩的故事演出来

浩　浩　谢谢,谢谢! 你们来得正好,和我们一起吃蛋糕吧! 智多星,你说说,现在我们要把蛋糕平均分成几份才行啊?

阳　阳　我家 4 人,加上 4 个小伙伴,当然是 8 份啦!

浩　浩　怎么切能又快又好地分成 8 等份呢?

阳　阳　看我的!
　　　　　[阳阳在蛋糕上沿水平方向横切一刀,把蛋糕切成了两层。多媒体演示。

爸　爸　阳阳真不愧为智多星啊! 刚才我们把蛋糕平均分成 4 份,阳阳只加了一刀,蛋糕就平分成 8 份啦!

妈　妈　(递上小盘子)来,孩子们,吃蛋糕罗!
　　　　　[小伙伴们齐唱生日快乐歌。浩浩给每人分一块蛋糕。

三

　　　　　[叮铃铃、叮铃铃,门铃再一次响起。大家一齐把目光投向了门那边。浩浩飞快地跑过去把门打开。

浩　浩　哦,小雨,原来是你呀,请进!

小　雨　(递上手中的生日贺卡)浩浩,生日快乐,天天开心!

浩　浩　谢谢小雨! 来,哥哥给你分蛋糕!
　　　　　[浩浩把自己的那一份蛋糕平均分成了两块,拿了一块送给了小雨。多媒体演示。

爸　爸　(微笑。抚摸浩浩脑袋)浩浩,真棒! 会与朋友一起分享自己的快乐! 孩子们,分吃蛋糕也有不少学问呢! 在刚才分蛋糕的过程中,你能找到哪些分数呢?

　　　　[小朋友们思考。有的摸下巴,有的抓后脑勺。

阳　阳　(抢着回答)小朋友们还没来的时候,我们把蛋糕平均分成了 4 份,每一份是这个蛋糕的 $\frac{1}{4}$。

聪　聪　后来我们四个小朋友来了,阳阳把这个蛋糕平均分成了 8 份,每一份是这个蛋糕的 $\frac{1}{8}$。(打手势)

小　雨　浩浩哥哥把他的蛋糕分了一半给我,是 $\frac{1}{2}$。

妈　妈　噢? 小雨的蛋糕怎么比阳阳的 $\frac{1}{8}$ 还少啦?

浩　浩　小雨的 $\frac{1}{2}$,是以我的这块蛋糕为标准的 $\frac{1}{2}$,阳阳的 $\frac{1}{8}$ 是以这个大蛋糕为标准的 $\frac{1}{8}$,标准都不同了,怎么能比大小呢?

爸　爸　那要怎么样才能比大小啊?

聪　聪　统一一个标准就可以啦! 小雨的这个 $\frac{1}{2}$ 其实是整个蛋糕 $\frac{1}{8}$ 的 $\frac{1}{2}$,就是 $\frac{1}{16}$,$\frac{1}{16}$ 当然比 $\frac{1}{8}$ 小啦!

爸　爸
妈　妈　(伸出大拇指)小蛋糕,大学问,小朋友,真聪明!

全　体　(欢快的音乐声中)分蛋糕,有学问。学数学,真有用。

(剧终)

EVERYONE HAS THEIR STRENGTH

（英语微型剧）

殷明智　肖三军

Characters： frog, duck, ant

A frog sits on a lotus leaf in a pond. He stretches his legs and watches his own reflection in the water.

Frog： I can swim and jump. I am green and cute. Green is my favorite color.

The best thing in the world is to be a frog.

Duck： What about me? Do you think I'm cute?

Frog： No, you aren't! You're white, not green.

Duck： But I can fly, while you can't.

Frog： Oh, yeah? I never see you fly.

Duck： I am just a little lazy, but I can fly really. Let me show you.

The duck runs a few steps, and then flies in circles beautifully.

Frog (admiringly)： Wow! That's cool. I also want to fly.

Duck： Haha, you want to fly? You have no wings. This can never happen to you. "

The frog starts practicing flying. He runs a few steps, and then opens his arms, swinging up and down. No matter how hard he tries, there is no way for him to leave the ground.

Frog : That's not fair. Why don't I have wings? (frustrated)

The frog stops to rest by the river out of breath when he hears someone crying for help.

An ant struggles in the pond.

Ant : Help! Help!

Frog : Hang on there. I'm coming.

Duck : I'm coming to save you.

They swim quickly and get the ant in the pond.

Duck : Oh, poor ant. She's passed out.

Frog : Yes, we must get her to the bank as soon as possible. Duck, carry her on your back.

Duck : Good idea! Let's do it!

The frog helps the ant get on the duck's back.

At the bank, the ant comes to consciousness.

Ant : Thank you, my friends. (Shaking hands with both of them) You are so kind and good at swimming.

Frog : Mr Duck, you swim really fast.

Duck : You made a good plan and you can swim very fast too.

Ant : You must be tired now. Let me give you a massage. (Looking at them)

How I envy you!

Who wants first?

Duck and Frog： You can massage? (surprised)

Ant： Yeah, I am pretty good at it.

Frog： You're so smart. Mr Duck, you first.

Duck： Thank you!

(The end)

I'M MR GEORGE(英语微型剧)

肖三军

Characters： Patient and dentist

Props： back teeth, a bottle of glue

Patient： Good morning, doctor.

Dentist： (Very busy) Oh, Good morning, Mr Smith.

Patient： But I'm not ...

Dentist： Sit down, sit down. Now let's see··· (Looking at Patient's mouth) We'll pull all of these.

Patient： But doctor ...

Dentist： Ah, yes. We'll start here. (Beginning pulling teeth and patient kicks and turns his head)

Patient： But, but, but ...

Dentist： Quite a good job.

Patient： But I didn't come here to get my teeth pulled!

Dentist： You didn't? Aren't you Mr Smith?

Patient： No, I'm Mr George.

Dentist: Uh, Oh.

Patient: Well, what are you going to do now, doctor?

Dentist: Well, Ah, Here are your back teeth. (handing the pa-
tient his back teeth) See if this will help. (handing patient
a bottle of glue)

Patient chases the dentist off the stage.

(The end)

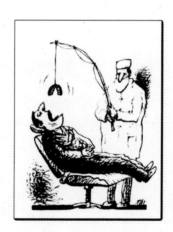

二
孩子们的新天地

失意的"小壁虎"

一年级　彭思源

班里排练课本剧《小壁虎借尾巴》，我想演小壁虎。老师说："这是主角，得好好练习，要竞争的。"

回家后，我认真背小壁虎的台词。练了一个星期，我觉得很累，有时，还想打退堂鼓。

终于预演了，老师觉得我的声音太嘶哑，不能演小壁虎。哎，我，我是一只失意的"小壁虎"。

指导教师：袁艳峰

原载《小学生导刊》(上旬刊)2012年第12期

孩子们的新天地

当演员真有味

三年级　吴钿俊

我们要排练一个课本剧，是由课文《三个儿子》改编的，剧名叫《神秘的老奶奶》。老师要挑选几名演员，我也被选上了，扮演神秘的老奶奶，我心里

别提有多高兴了。

放学回家后，我把剧本看了一遍又一遍，心里想，我是一个小男孩，要扮演一位老奶奶，怎么才能把老奶奶演好呢？我仔细观察奶奶们的一言一行，模仿她们走路的样子，一个人在家里反复练习。我的奶奶是老师，我经常请教她。反正我一心一意想把这个角色演好。剧里有几句关键性的台词，是由神秘老奶奶说的。她用拐杖敲地，意味深长地说："三个儿子？不对吧，我可只看见一个儿子。（大声）一个儿子！"为了把这几句台词的语气表达准确，在刘老师辅导下，不知费了多少功夫。

有一天，老师要我们演给大家看看，我们像个真的小演员一样，认真地演，逗得观众哈哈大笑。当我说完神秘老奶奶那几句关键性台词，大家竟鼓起掌来。我想：演课本剧不仅学到了知识，还为别人带来乐趣，当演员真有味。

指导教师：刘胜娥

我是怎样演好小丑的

六年级　王江华

以前，我只是一个平凡的小男孩，在班上没多大影响，可自从参加课本剧演出后，我在班上小有名气了，还多了一个外号——"小丑伯伯"。

暑假，老师在班上挑选了几名同学来演课本剧《小丑伯伯》。这个剧是根据课文《小丑的眼泪》改编的。老师让我扮演小丑。小丑可是剧中的主角，接到任务后，我既兴奋又紧张。兴奋的是我可以当演员了，紧张的是我能不能演好呢？会不会出洋相呢？不管它了，豁出去了。

暑假的一天，我和另外两位小演员——谭姝豪和李雅婧来到了老师家里。老师给了我们每人一份剧本，要我们在最短的时间内背下来。我们翻了一下，妈呀，内容有四五版，这么多的台词，我们能不能记住？不过，仔细一看，内容其实挺简单的。我们花了三天空余

时间把剧本背了下来。接下来开始演了。小丑该怎么演呢？我心里完全没底。我按照剧本上面写的去演，谭姝豪和李雅婧也给我出点子。这两个同学给了我莫大的帮助，让我改正了缺点，可也给了我伤害。当我演得不好时，她们说还不如要梁拓来演，还说，"王江华，你一点幽默感也没有！"这句话对我来说算是致命一击了，我没了信心，排练也没劲了。后来老师鼓励我，说我的潜力好，她相信我能演好。我的信心又回来了。为了演好小丑，我在网上看了很多关于小丑的视频，一遍又一遍地模仿他们的动作、表情。我还跑去我家屋后的屠宰场，观看杀猪的情景，模仿猪的叫声。功夫不负有心人，我模仿得越来越像，每个看了我表演的人都夸我棒。我高兴极了。为了消除我的紧张心理，避免在表演时怯场，老师让我反复练习，还告诉我多在人多的场合表演。我照做了，这招果真有效。到后来，我是信手拈来，演得得心应手了，连妈妈都笑着说我是"丑不死"、"表演狂"了。

8月4日，老师带着我们几个来到了涟源市教研师资培训中心，我们要在这儿进行一次汇报演出。我的心情无比激动，老师还特意给我化了个小丑装：蓬松的爆炸式假发、红红的鼻子、夸张的大嘴巴、一条宽松的大脚裤，光这身打扮就够吸引眼球的了。我信心满满地走上了舞台：学鸡叫、装羊叫、模仿猩猩……我完全沉浸到小丑这个角色中了。台下一阵又一阵热烈的掌声告诉我：我成功了！我的付出没有白费！

这次饰演小丑这一角色让我找到了自信的感觉，品尝到了成功的滋

味,也让我懂得一份耕耘一份收获的道理。当演员的感觉真爽!

指导教师:谭新民

原载《小学生导刊》(下旬刊)2012年第5期

课本剧伴我兄弟快乐成长

三年级 阿 智

今年九岁的我,演过了《想做好事的小尤拉》、《虎大王开会》和《猴哥结巴》三个课本剧。

记得第一次排演是我读一年级的时候,演的是小歌剧《想做好事的小尤拉》。当时同学们都眼巴巴望着老师,都想演课本剧。后来,老师选定十来个小朋友来排演,由我演小尤拉。第一天,第二天……我能熟练地背下台词了。排练的时候,我的动作、表情一次又一次得到了吴老师的夸奖,我心里美滋滋的。终于,上台表演的时候到了,我有点得意,临到上场,我的心就跳了起来,我慌了,我害怕得哭了起来。我蹲到墙角下随老师们怎么拉我、哄我,我都不动。老师没法,只好换上李若愚来演。我在旁偷偷看着李若愚演的"小尤拉"那么神气,我真有点后悔,我又哭了。吴老师鼓励我,以后要大胆点,下次一定会演好。上二年级的时候,机会来了,我们要演《虎大王开会》了。这回我抢着报名要演虎大王这个角色,并下定决心一定要演好。我用最快的速度把台词记了下来,每次排演都不偷懒,吐词清楚。到了演出那天,我化了妆,戴上大眼镜、虎头帽,披上虎披风,神气极了!演完后只听见一阵又一阵热烈的掌声。现在的我又在排练《猴哥结巴》,这次我演的是猴四，每次排练每次演出我都很快乐。我的双胞胎弟弟叫阿慧，每次演出他都乐意参与，他的进步比我还快呢。

一转眼，课本剧伴我兄弟快乐成长了三年。留下的记忆多么美好啊！

指导教师：吴喜平

我演"土地爷"

五年级　李俊伟

我老家是在一个小山村，这个学期才转到城里这所学校来。虽然很多人夸过我聪明，但是我普通话说得不太准，学习也不太好，还常常捣蛋。我想我是个不讨人喜欢的男生。可我做梦也没想到老师会选我当小演员，演课本剧《环儿遇险记》中的"土地爷"。

一开始，我没有一点信心。在以前的学校，我从没到讲台上表演过。一想到要当着很多人的面到台上去表演，心里就感到害怕。我还是剧中的主要演员，台词特别多，很难记，我的普通话又说得不好，就更担心了。细心的老师看出了我的心思，她鼓励我："你可以的！只要你认真对待，老师知道你肯定能够演好这个角色。"看到老师这么相信我，我想，也许我真的可以演好。我一定要好好练习。

剧中的"土地爷"是个七、八十岁的老头。他当土地老爷厌烦了，只想当王，于是就骗了环儿头上的"一横"，使"环"（儿）变成了

"坏"(蛋)。最终被还警官捉拿归案,改过自新了。

　　起初,我怎么演也演不出老人的神态和动作,说话的口气也不对。老师告诉我,腰要弯一点,动作要缓慢一点,说话的语调要低沉一点,速度也要慢下来。为了让我更能找到感觉,老师找来一根拐杖让我拄着,并在我的下巴上挂上了用长长的丝线做的"白胡子",还教给我边说话边捋长胡子的动作。我学着老师的样子去做,慢慢地,我觉得自己演得有点"味道"了。

　　每天放学回到家,我不再像以前那样只顾看电视或找邻居家的小孩玩了。做完功课后,我就对着妈妈的大穿衣镜练习表演"土地爷"。一个动作没做好,我就反复地练,直到自己看着满意了为止。有时我还会请爸爸妈妈当观众,请他们指出我的不足。

　　正式表演的时候到了,我的心情又紧张又激动。但出场后,我全心全意投入了表演,很快就不再紧张。当我说完最后一句台词后,我听到周围响起了热烈的掌声。老师说对了,我成功了!

　　通过这次演课本剧,我成了爸爸妈妈眼中越来越听话的孩子,也是同学们眼中的进步学生。真感谢老师选我当"土地爷",给我一次学习和锻炼的机会,也感谢课本剧,带给我快乐和自信。

指导教师:毛　军

最佳搭档

四年级　吴碧瑶

　　"环儿同学,明天轮到你值日啦!"比我只小几个月的表弟兼同班同学友好地提醒我。"是! 还警官!"我调皮地做了个立正敬礼的动作,响亮地回答他。听到这对话,你们一定有点丈二的和尚——摸不着头脑了吧?

　　其实我的名字里边根本没什么"环"字,我叫吴碧瑶;表弟也不姓"还",他的大名叫易璐佳。"环儿"和"还警官"是我们几个月前表演的课本剧《环儿遇险记》中的两个角色。在戏里边,"还警官"还是"环儿"的叔叔呢。他不仅帮我这"环儿"教训了想当"王"的土地爷,还帮我找回了我头上丢失的一横,由"坏"恢复成"环",可威风啦! 自从演了这课本剧后,我们就常常互相叫对方剧中角色的名字,觉得很有意思。

我从小就活泼好动,爱唱爱跳爱吵爱闹,还特别爱编一些小故事,指挥小伙伴们一起表演着玩。我家和表弟家同住一栋房子,所以表弟当然是"十次表演,九次在场"了。几个月前,当我和表弟同时被老师选中当《环儿遇险记》中的小演员时,我俩可兴奋了!

参加《环儿遇险记》表演的一共有五名同学。开始排练后,白天,老师在学校指导我们表演;晚上,我们在家里练习。我和表弟总是约好在一起排练。我们一起回忆白天老师教我们的表情和动作,不断地试着去演。开始我们都没掌握要领,表演起来一点也不到位,看起来怪怪的,常常把对方逗得肚子都笑痛了。

不过,我们也有一起"哭"的时候哦。可不是因为台词太多、太难演而哭的,是课本剧里为我安排了这个情节。可我开始总也"哭"不好,表弟就热心地给我提意见,还亲自"哭"给我看。当我俩在书房里一起"哭"得正起劲时,可把大人们给吓坏了,还以为我们在吵架了呢。哈哈!

我们每天就这样一起商量着,还互相指出对方的不足,再加上老师的精心指导,我们的演技越来越强了,各角色也配合得很默契。在课本剧正式演出时,我们的精彩表演得到了领导和老师们的啧啧称赞,我们心里充满了阳光。

演完后,指导老师高兴地走过来直夸我们演得很投入,拍拍我和表弟的头,笑着说:"你俩可真是最佳搭档啊!"

我，一个神气的"蛙博士"

四年级　梁超旭

"学习真有趣，我爱课本剧。"金鹰卡通里青蛙哥哥的这句话说到我心里去了。我们班从二年级开始就成立了一个课本剧演出小剧团。三年级的时候，我通过自己的努力，终于成了这个小剧团的成员。这不，5月28日，我们学校又要举行课本剧爱心汇报演出活动，这次我们排演的还是我们自己写的作品《丑小鸭的新故事》。我得加紧排练，一定要把这个剧本演好。

"演《丑小鸭的新故事》的剧组成员请出来一下！"综合实践活动课上，刘老师的声音响起。我知道，我又要练习跳青蛙步了。其他成员各司其职。老师说我蛙步跳的感觉不好，要我多练习。我先蹲了下来，双脚摆成"八"字形，双手手指叉开，隔开放在地上，然后向上一蹦，在半空中时我又一使劲，就"啪"地落地了，一个蛙步完成了。我就这样一个接一个地练习，才跳了没几个，就汗流浃背了。我想站起来休息一会儿，可是又想：不行啊，下个星期就要演出了，不能因为我的青蛙步跳不好影响演出效果，拖整个剧组的后腿呀！想到这里，我又重新蹲了下来，继续练习。练了十多分钟，刘老师对我说："梁超旭，你的青蛙步找到感觉了，不过不要骄傲，还要加油练习。"我听了，心里美滋滋的，终于不要拖累别人了。尽管当时我的衣服湿透了，可仍兴趣盎然自觉地去练习了。

到了演出那天，"呱、呱呱。"我一边学着青蛙叫一边蹦着出场了，蹦到舞台中央，看着下面黑压压的两千多人，心就不由自主地怦怦直跳。这时，刘老师在台下鼓励我："超旭，不要紧张，就当是平时训练。"我做了个深呼吸，放松自己的心情，有板有眼地演开了。你看我头戴青蛙帽，鼓着圆眼睛，身着绿衣裳，闪亮地出现在大家的眼前，就是一个神气的蛙博士。大家看到我，立刻鼓起掌来，这掌声给了我力量与勇气。我竖起大拇指，拍着胸脯向

146

大家介绍蛙博士的由来。慢慢
的,我完全沉浸在自己的角色中
了。演出结束,台下雷鸣般的掌
声响起,我知道,这是同学们给
予我的最好的奖励。

我成功啦!这一次演出活动
卖得的门票费是用来购买好书
送给留守儿童的,课本剧给我带
来了快乐与挑战,而且给留守儿童带来了温暖,我爱课本剧!

指导教师:刘胜娥

两罐"蜂蜜"

四年级 李炅霖

演课本剧是十分有趣的,特别是演出成功时同学们心里像装了一罐蜂
蜜那么甜。而我心里却装了两罐蜂蜜,你们想知道吗?

第一罐蜂蜜是表演味。这味道原本是酸酸的、涩涩的,后来却变得甜甜
的了。我们年龄小,又从没演过剧,表演起来动作很呆板,念台词像背书一
样。记得刚开始排演小歌剧《鹬蚌相争》时,我演的是水鸟,不是小碎步跨不
好,就是"翅膀"扇起来不协调,要么是唱歌的声音太小了。老师看到这些干
着急,有时也不耐烦,但剧还得排,就给我出主意。一是每天课余练习 20
分钟小碎步;二是专门练一阵扇"翅膀"动作;三是每天练 10 分钟歌。我坚
持练习几天,觉得太枯燥太累了。原来当演员不容易呀,不当算了。这时,同
学们围着我:"李炅霖,你练得怎么样了,我们好想看你们表演了,你们的这
个课本剧好有趣哦!"听了他们的话,我信心又足了,劲头又来了,做事情怎
么能半途而废呢,这不是我的行事风格呀!练!继续练!我在心里暗暗给自
己鼓劲。经过两个星期的训练,我的表演水平终于提高了一大步。在汇报演

147

孩子们的新天地

出那一天，我们的表演很成功，同学们夸我是一只轻盈的水鸟，还被拍成了VCD呢！嘿，真是一罐香甜的蜂蜜。

演课本剧成功了，我整天沉浸在喜悦之中，学习起来都特别有灵感。有一次，老师叫我们编写一个童话故事。我突发奇想，把《丑小鸭》改编成另一个故事，叫《丑小鸭之死》。老师们都认为写得好，梁爷爷把我的习作带到长沙，给著名童话作家皮朝晖叔叔看，他也说写得不错。我受到鼓舞，灵机一动，想把这个故事编成一个剧，让大家一起来欣赏。我把这个想法向老师和梁爷爷说了，没想到他们都非常支持我，让我和同学们一起编演这个剧，在校园艺术节活动中演出。在老师的激励下，我们热情饱满，开始行动起来。以前都是演老师写的剧，这一回演的是自己的作品。你们说，这算不算是另一罐蜂蜜呢？

我觉得，课本剧的两罐蜂蜜都非常香甜，但第二罐比第一罐更香更甜，因为那是我们自己的创作。

指导教师：刘胜娥

扮演李鸿章有感

六年级　李雨欣

这个学期，我们新排演了一个课本剧：《孩子，你一定会回来的》。剧本一拿到手里，我就被剧中的情节深深地吸引住了。剧本说的是：甲午海战失败后，清朝政府派宰相李鸿章到日本马关和日本首相伊藤博文进行谈判，李鸿章在伊藤面前做小人，吃尽了亏，只好把台湾割让给了日本。剧本结尾表现的是每一个中国人都渴望台湾"孩子"能够回归到祖国"母亲"的怀抱。

我瘦,高挑个儿,导演李老师便让我演李鸿章。大胆、活泼的钟艺兰演伊藤博文。刘展鹏个子小,满脸稚气,很可爱,就当台湾"孩子"。曾叶鸣较老成,适合做母亲。

角色定好后,就开始排练了。初次排演,我因为表白自己的时候,台词总是背错而过不了关。好不容易过关了,轮到钟艺兰介绍自己时,她本来应该说:"我,伊藤博文,大日本首相。"可能是听我说的次数太多了,她竟说成了"我,大名鼎鼎李鸿章,清朝政府当宰相⋯⋯""哈哈哈!"排练的人哄堂大笑,骄横的日本首相怎么变成李鸿章了呢?钟艺兰尴尬极了。从这以后,她排练更加努力了,表演水平也有所提高。

在排练中最令我难忘和震撼的算是曾叶鸣了。剧中有这样一个细节:祖国"母亲"倒下去,双手紧紧地拉住台湾"孩子",不让她被日本人夺走。曾叶鸣总觉得自己摔得不逼真,很做作,便一遍又一遍、不厌其烦地摔,直到满意为止。曾叶鸣这种对自己严格要求、锲而不舍的精神使我深受感动。

我们就这样在紧张与愉快中不断进步、不断提升。这次的课本剧排练不仅锻炼了我的胆量,提高了我的语言能力,更让我深深地懂得了一个道理:只有国家富裕强大了,才不受外国侮辱和侵略。祖国是否强大在于我们青少年这一代。少年智,则国智,少年强,则国强。我们要努力学习、积极进取,才能不让这屈辱的历史重演!加油吧,年轻的朋友们!

指导教师:李炯妮

孩子们的新天地

课本剧让我们长大了

三年级 李若愚

"耶,我当主角了!"我在心里欢呼。这让我很想又不敢想的事竟然成了现实,我实在是太高兴了。

刚放暑假的时候,吴老师带我们排练课本剧《想做好事的小尤拉》。排练之前老师给我们按角色分配了任务:阿智演主角小尤拉,黄玺羽演妈妈,我演奶奶……尽管角色不是我们自己选的,尽管我想演小尤拉,但我还是很认真地排练、记台词,都忘记了累,也忘记了饿。因为要给市教研师资培训中心的老师们表演,我们提前一天去彩排,要彩排的时候大家就都很紧张了。老师叮咛,妈妈嘱咐,时间到了,紧张的阿智却莫名其妙地哭了。他妈妈很是担心,就苦口婆心地在那里安慰他、鼓励他,满心期待的吴老师更是着急了。所有的学校领导在等着看呢,老师只好耐着性子劝他不要害怕,同学们也七嘴八舌的说着:把观众们当萝卜白菜吧,就不怕了。一阵吵闹过后,阿智还是怯场不敢上。他可是主角,第一个上场的,他不上,我们没法上。吴老师看看阿智,看看我们其他演员,看看坐在前排的校领导,然后轻声地问我:"若愚,你记得阿智的台词吗?"我倒是能记住他们每个人的台词,我也真的想让这难堪的局面早点过去。可我也很害怕呀,怕我演不好,不敢回答。于是回头看看妈妈,我看到了鼓励;又抬头看看老师,看到了期待。"管他呢,演吧。"我终于鼓起勇气对吴老师说:"记得。"看到吴老师终于松了口气,我暗暗地告诉自己一定要好好演。

上台了,我的心像悬了一块大石头,久久不能落地,生怕说错了一句台词。我的眼睛不敢看观众,就只好看着和我一起演出的同学。几分钟过去了,紧张的心情终于平静了下来,和同学们熟练地对着台词,不知不觉演出结束了，我心中的石头也落地了。回到家里一蹦三尺高，大声的吼出："耶，我当上主角了！"妈妈也哼着小调开开心心地做饭去了，我也美美地哼着："好运来呀好运来……"

这一次课本剧演出之后，我们又演过好几次课本剧。阿智经过多次演出后也不再怯场了，再也没有临阵退缩了，我也克服了紧张的心理，越演越上瘾了。看来，课本剧让我们都长大了。

指导教师：吴喜平

台上一分钟，台下十年功

三年级　黄玺羽

当我们的课本剧演出完毕齐刷刷向台下致意时，只听见台下热烈的欢呼声和掌声，我知道，此时此刻，我终于成功了！我真的成功了！

这次的课本剧演出是为关爱湘西留守儿童举办的活动。班主任吴老师为我们精心挑选了课本剧《猴哥结巴》。剧情是勤奋好学的小熊口齿不清说话结巴，遭到猴哥、猴二等小猴子的嘲笑戏弄，特别是猴哥还学小熊结结巴巴说话。

没想到小熊经过努力克服了结巴的毛病，猴哥却结巴了。小熊以德报怨将自己的口吃矫正器赠送给猴哥，还带领猴儿们一起学习《增广贤文》。本来我是演猴二的，哈哈，没想到演小熊的杨自骏因为台词太多而放弃,于是我便有机会挑起大梁演小熊了。

第一次当主角,我心里别提有多高兴了,可又很紧张。要知道,小熊的台词真是多,而且很多都是《增广贤文》里的句子。为了演出成功,我可是费了九牛二虎之力才把小熊的台词给背下来,真是事事都不容易啊!

接下来就进入实质性的排练了。"小熊"我还真紧张,吐词都有点不太清楚。吴老师看出了我的紧张心情,亲切地说:"黄玺羽,你当了主角,应该高兴,放轻松点,能演好的!"老师的话就像给我打了一剂强心针,我真的不再紧张了。在排练到小熊结巴和不再口吃的过渡阶段,我总觉得衔接不自然,这时,吴老师又出了个好主意:拿《受伤的玫瑰》做背景音乐,跳一段欢快的舞蹈过渡。于是,我下课想,回家路上也琢磨,怎样结合小熊的憨态可掬和内心的欢快来编排动作。折腾了好多个来回,在老师的帮助下,总算攻克了这个难关。

日子一天天过去,演出的日子终于来了,心里别提有多高兴了。可快轮到我们演出的时候,我心里突然像有只小鹿在蹦似的,跳得非常厉害。我不住地给自己打气:黄玺羽,镇定!镇定!你一定能演好的,不要慌,不要急!

站在舞台上,看着黑压压的人群,我深呼吸了几次,定定神,清清嗓子,想着课本剧的情节,不知不觉地融入了角色。我真觉得自己就是那只可爱的小熊:勤奋地学习,为猴子们戏弄嘲笑我而难过、生气、扔东西,为自己受到打击而伤心哭泣,努力地矫正口吃,不再结巴后满心欢乐,见到猴哥结巴抛弃心中的不快而真心帮助……

扮演其他猴子们的同学也是那么的投入,那么的得心应手。我们配合得非常默契,演得活灵活现。最后的演出动作完毕后,我们都会心地笑了。"台上一分钟,台下十年功",虽然我们编排的时间远远没有那么久,但是由于我们高度认真,积极排练,终于获得了圆满的成功。此时此刻,我只有一个感觉:只要锲而不舍,迎难而上,就没有做不好的事,就一定会有成功的那一天!如今,我课本剧演出成功了,有朝一日,我会获得更大的成功!

指导教师:吴喜平

愿课本剧之花越开越美

六年级　谭遥娜

　　今年学校搞了一次大创新，将我们语文教材里的部分课文改编成课本剧，让同学们当演员。经过一段时间精心排练，决定今天下午进行汇报演出。我多么期待能一睹演员们的风采。

　　同学们的演出精彩极了，有小歌剧、童话剧，还有滑稽剧，但我最喜欢的是五年级演的《彩乌鸦　金狐狸》。这个故事是根据寓言《乌鸦和狐狸》续编出来的。讲的是老乌鸦的腊肉被老狐狸骗走以后，老乌鸦恨透了狐狸家族，他想办法让小乌鸦去报仇。他准备了一块有毒的肉，让小乌鸦叼在嘴中，站在树上，等待着狐狸上当受骗。老狐狸没等到，等来了小狐狸。这只小狐狸没了狐狸家族狡猾的本性，就把掉下来的肉用荷叶包裹着还给了小乌鸦。小乌鸦硬逼着小狐狸吃掉。小狐狸得知这肉有毒，不肯吃。小乌鸦将自己对狐狸的怨恨全部都发泄在小狐狸身上。小狐狸没办法，就把肉吃了。小狐狸真的死了，小乌鸦却后悔不该毒死她，难过得哭了起来。正在这时，济公出现了，他的出场引来了阵阵欢笑。只见他头戴一顶和尚帽，脖子上挂着一串长长的佛珠，一手摇着烂蒲扇，一手拿着酒葫芦，踉踉跄跄地走上了舞台，还得意地哼着小曲："鞋儿破，帽儿破……"小演员出色的表演把全场观众都逗乐了，我笑得趴倒在桌上了。济公念着咒语，用扇子对着狐狸扇了几扇，狐狸立刻醒了过来；再扇几下，乌鸦就成了彩乌鸦，狐狸变成了金狐狸，有趣不过。小演员们稚嫩

孩子们的新天地

而逼真的表演给我留下了深刻的印象。

这个课本剧不仅情节新颖生动，而且含意深刻。它给了我很大的启迪：人不能太记仇，要与大家和谐相处，这才是我们的生活。我在心里暗暗祝愿，愿我校课本剧之花越开越美！

指导教师：谭新民

为课本剧义演卖票

四年级　李帅杰

课本剧义演活动快开始了，我们急忙跑向操场，站在自己的岗位上，守在售票箱旁。嘈杂声中，观众开始入场了，有一队一年级的小弟弟向我们这个窗口走了过来。我本来没什么紧张的，可是看到这群像蚂蚁一样的小弟弟们，我就莫名其妙地心慌起来。只见小弟弟们一只只胖乎乎的小手伸进我们的箱子里投钱，弄得我头都晕了。他们有的投了钱不拿票就猴子似的跑了，有的不投钱就问我要票。要不是有"监察员"谭子龙提醒，他们这群小弟弟就糊里糊涂地进场了。不大一会儿，我们眼皮子底下盒子里的钱越来越满了，眼看装不下了，可后面不知怎么搞的还有一大群人。我手里的票只有几张了，就连忙向肖老师要了些。这时，我看了看其它组，他们都挺轻松的，已经在数钱了。"我们这个售票口怎么这么多人呀？"我自言自语地说。好不容易他们全进场了，我们数了数箱子里的钱，总共 320 元。为了数目更准确，我们决定再数一次，这一次是 420 元。"怎么相差这么多？"我们惊叫起来。"再数一次。"我们异口同声地说。

这一次我们总结出了经验，因为每张票价是两元，大家交的是零钱，我们每数 10 元就夹成一迭。终于数完了，准了，总共是 420 元。"原来从我们这个售票口进去了 3 个班，难怪我们忙不过来呀？"我长长地舒了口气说："任务完成了，把钱交给老师，我们看演出去。"伙伴们一个个像只欢快的小鸟飞回了队伍。

　　这次卖票对于我们来说是一次考验，也挺有乐趣呀！

指导教师：肖玉姣

孩子们的新天地

三

教师的新平台

驰骋想象，演绎精彩

刘胜娥　李　辉

　　课本剧是儿童短剧，大都由语文教材里的课文改编，由课堂里分角色朗读演变而来，属再造想象。课本剧是以学生表演为主的综合艺术，通过演员的形体动作和台词来展示社会生活矛盾，解读文本语言，领悟人生真谛。2009 年以来，我们班编演了《神秘的老奶奶》等 6 个剧，并尽可能将课本剧元素融合到课内外学习和品德教育中，学生的综合素质明显提高，自身也收获了不少成果和快乐。

一、课本剧是以学生表演为主的综合艺术

　　一个剧，从剧本到演出，是一种集体的艺术的综合性活动。首先，要有文学剧本作基础。孩子们拿到剧本，爱不释手，用心读很多遍。分担某个角色后，要背台词。排练中，他们明白了，念台词不能像背书一样，要贴近生活，要体现某个角色的个性，情感的表达要有对比度。原来当演员并非容易事。《鹬蚌相争》是一个由教材里的寓言故事改编的小歌剧。演出时间不到 10 分钟，但排练起码 20 次以上。表演时，水鸟要扇翅膀飞跃，渔翁要撒网捕鱼，蚌要让蚌壳有节奏地一张一合。这都要求演员用一种艺术化的舞蹈语言来表现，还要边舞边歌唱。怎么在舞台上塑造一个较完美的渔翁形象？古时的水鸟是什么样子？该如何化妆、制作头饰？这涉及到多方面的知识，需要一种前所未有的探索精神，这就无形中强烈地激发了孩子们的求知欲。尽管困难多，但孩子们兴致勃勃，乐此不疲。他们在排练中所表现出来的坚强和合作精神，连教师和家长都为之惊讶。我们深感，课本剧的编演过程是一个综合性很强炼就人的过程。这种综合性，不是把各种艺术成分凑在一起，而是浑然一体，服务于完整的舞台形象的塑造。不难看出，从剧本

到演出是一个集体的艺术的再创造活动,演员的演出则是它的创造性和综合性的具体体现。

二、课本剧编演,能让孩子们享受再造想象的乐趣

再造想象是根据语言或非语言的描述,在头脑中形成相应的新形象的过程。它必须以别人的描述和提示为前提,再造别人想象过的事物。课本剧根据课文的描述改编成剧,由孩子们表演,在舞台上再造一个相应的新形象。显然,这属再造想象。《三个儿子》是人教版小语二年级下册的一篇课文。作者是前苏联著名女作家、教师奥谢叶娃。她用三个儿子的故事教育孩子们要以实际行动做父母的小帮手。原文仅 200 多字。我们用神话手法将这个故事改编成课本剧《神秘的老奶奶》。故事背景改在 2010 年春发生严重干旱的云南边境。三个妈妈正在提水,孩子们放学后来到她们身边。当年已故 108 岁的女作家外国老奶奶奥谢叶娃神秘地出现在他们中间,由她对三个儿子的不同表现作出评价。少儿报小记者的现场报道起画外音作用,将故事串起来。剧本保持原作精髓,并将必须掌握的基础知识渗透在台词里。孩子们排练时非常投入,戏剧把他们带到了一个独特的幻觉世界。

三、课本剧编演是传承与创新相融的精彩活动

课本剧编演过程中,我们联想到我国传统文化,联想到可将我国古典戏曲的表现手法迁移到课本剧表演中来。我国古典戏曲舞台上没什么布景,道具也只有桌椅、扇子、马鞭之类。演员以无作有,全凭表演的技巧来调动观众的想象力。"顷刻间千秋伟业,咫尺地万里山河"。进门、出门、骑马、划船、抬轿,都是用虚拟动作,用艺术夸张的形式来表现。课本剧完全可以借鉴我国古典戏曲的这种表现手法。因为课本剧大都在教室里演出,舞台也就是教室前几平米的"咫尺地"。课本剧演出不可能有过多的布景、化妆及完备的道具制作。武汉大学二附小的孩子们在教室里演《晏子使楚》时,两个孩子拉起手来,举上去就是"宫门",降下来就是"狗洞",晏子拒绝从"狗洞"钻进去。孩子们并不觉得这不真实,反而感到很开心。这是培养孩子想象力的一种新途径,一种高层次的游戏。"戏"的繁体字,由"虚"和"戈"组成。戏是虚拟的一个想象中的世界。我们编演的课文同名话剧《幸福是什么》(B 版),是教材的拓展和延伸,时空跨越 15 年。说的是几个小学毕业生,15 年后大有作为,回母校看望班主任柳老师。人是刚才的人,地点还是在教室。15 年的跨越,主要是通过学生阿龙的形体动作和言语动作来表现的。他行色匆匆上场,好奇地张望说:"15 年,一瞬间,15 年过去了。这是我亲手栽在池塘边的一棵水杉,现在 10 多丈高了!"通过孩子以无作有声情并茂的表演,不仅提高了本人的想象力,也给小观众带来一个无穷的想象空间,一种美感的喜悦。可惜,我们当今的学校教育,由于长期的应试教育惯性所致,此类艺术活动太少了!让我们走出一条新路吧!

原载《科教新报》2014 年 4 月 10 日 08 版

课本剧,情感教育的一片晴空

李　辉

前苏联教育家苏霍姆林斯基把学校美育放在非常重要的位置,经常把美育称为"审美修养"或"情感教育"。但在情感教育手段方面很少谈及到戏剧表演,而在这方面给我们做出精彩示范的是当代全美最佳教师洛杉矶霍伯特小学的雷夫·艾斯奎斯。

雷夫老师花很大精力引导学生表演莎士比亚戏剧。"今天,霍伯特的小小莎士比亚们已经举世闻名了。""孩子们在排练时乐在其中,完全没注意到自己学到了多少东西。"

我们涟源二小表演的不是莎士比亚戏剧,而是课本剧。我们的戏剧表演活动已经历 7 个春秋,我们一直在进行艰难的探索。

一、课本剧给孩子们提供了发展品德的机会和空间

社会是一个矛盾体。一方面,人们在感叹:现在的学生越来越难教;另一方面,又只一味追求分数,不给孩子品德生长的空间。空洞的说教多,对孩子们的精神生活关心少。我们想在抓好常规管理、应付社会压力的同时,以课本剧为手段,给孩子搭建一个发展品德、展示品德的平台。到目前为止，我们自编剧本 41 个，公演 28 个。观看表演的学生及家长 6000 人次以上，参与表演的学生 210 余人。孩子们是天生的表演艺术家，他们乐此不疲。去年 5 月 27 日放学后，四年级孩子在操坪里临时搭建的舞台上，排练《只会笑的木偶》。剧组主要演员 7 人，他们喜欢这个故事，喜欢自己所扮演的童话形象。人的感情是丰富的，只有一种笑容的木偶到处碰壁，无法生活，既有趣，又含义深远。孩子们自己组织，自导自演，排了一遍又一遍。台下背着书包的学生和家长是自发的观众，围了一大圈，不时发出掌声和惊讶声。从云缝里钻出来的太阳像一团火，晒得演员们汗流浃背。只见他们把排演地点换到了工棚后面，那里阴凉，又在继续排。孩子们哪来的自觉性和意志力？也许是演出结束后观众为他们鼓掌的感觉真棒；也许是不管结果，过程才是一切，付出的努力才是最高的奖赏。不管怎样，课本剧给孩子们带来的是情感投入的欢乐，展示潜能的满足。

二、课本剧的综合性有利于孩子的情感教育，丰富了他们的精神生活

苏霍姆林斯基在担任巴甫雷什中学校长时，要求学生认识自然美，懂得音乐美，会欣赏文学、美术作品，注重人际关系美、服饰美。他认为："经过长期的美的陶冶，会在不知不觉中使人感到不良的、丑恶的东西是不可容忍的。"让美把恶与丑排挤出去，这是教育的规律性之一。课本剧是一门综合性艺术，制作一出好戏要有各种因素的融合。剧本要有文学性，台词要口语化、儿童化；要融入音乐、美术和舞蹈；衣着、头饰要符合人物的身份和性格。导演、演员间要协调，要有一种团队精神。一个演出小组就是一个活跃的研究性学习小组。课本剧的这种综合性有利于孩子的情感教育，丰富了他们的精神生活。《丑小鸭》是人教版小学语文二年级下册的一篇课文，安徒生的著名童话。学完课文后，学生李炅霖写了篇读后感《丑小鸭之死》，我们将其改编成课本剧《丑小鸭的新故事》。说的是，丑小鸭出生后与众不同，又大又丑。公鸡啄它，鸭哥鸭姐们欺侮它。见多识广的蛙博士知道它日后是天鹅，就好心地收留它做义女。从此丑小鸭过上了衣食丰厚的生活。但它自以为是美丽的天鹅，好吃懒做，不爱学习，很快变成了既娇又骄的"富二代"。蛙博士对它丧失信心，不要它了。丑小鸭还是丑小鸭。这个故事贴近现实,贴近孩子心理,短时间排练出来。公演时,台下有 2000 多小观众。他们看的是自己演的戏,生活中熟悉的故事;黑白的文字一旦在舞台上鲜活起来,情绪一下被调动了。他们随故事情节的起伏而欢呼、而沉默、而爆发出讥讽的笑声、热烈的掌声。我们的孩子多么渴求艺术的滋养。一台课本剧的演出,就是一堂浓烈的丰富的情感教育课。孩子们让快乐的心门打开,把不良的形象排开。

我们的课本剧编演不单是一种文艺活动,更主要的是一项常态的教育教学改革。我们认定,教师在设计教案、思考教法时,要唤起一种动态感觉,尽可能使静态的文本语言化成动态的情景语言,让学生主动参与,自觉投入,使课本剧编演与学生的恰当表演成为一种常态教学策略。我们在教人教版语文五年级上册第六组课文时,先让学生熟悉课文,把握主要内容,然后让他们扮演父与子、母与子等不同角色,并交换角色表演,进行换位思考,使学生体验到一个孩子的成长,不仅要有母亲的慈爱,还要有父亲警告的力量来平衡。这样能触及孩子的心灵深处,使情感教育进入一个立体交叉的综合育人状态。

三、数学课本剧里也有情感世界和教育功能

孩子们需要丰富多彩的精神生活。一所学校或家长如果只单抓上课、做作业、考试,不少学生就会感到知识乏味,精神生活枯竭,只得去另找安慰。为改变这种状况,我们尝试着编了几个数学课本剧,用情感纽带把科学世界和生活世界有机地联结起来。

小学高年级数学教材里长方形等六种几何图形面积的计算各有公式。如果只叫学生死记硬算,也许枯燥。因为长方形面积的计算是长乘宽,其他五种图形都可化成长方形,面积计算的原理是相通的。我们以此为"线",编成科学童话剧《长方形老奶奶的生日 Party》。老奶奶满 70 岁,其他图形是亲戚给她贺生日。以学生的知识疑点作为图形间的矛盾冲突,角色中有长辈,有老板,也有弱势群体的代表。故事性强,童趣十足。剧本融知识性、娱乐性、教育性为一炉,既体现了数学本身的逻辑美,也有成员之间的亲情美,最后和谐相处,皆大欢喜。粗看起来,数学只具有纯粹的形态,在抽象的

公式中,看不到人,也看不到物。可是,在数学的发展历程中,充满了斗争,充满了诗情画意。在数学世界中,同样可以看到人世间的一切美丽与灿烂。所以,让抽象的数学结论活起来,是我们广大数学教师教学法的追求。我们编演数学课本剧,仅是一种尝试。我们期待有更多的优秀数学剧目问世,让这一片园地繁花似锦。

当前,我们的品德教育偏重道德知识的传授,而忽视学生的道德情感体验是显而易见的。整个社会、广大教育同仁应携起手来,共同托起情感教育的一片晴空,把我们的后代真正培养成为全面和谐发展的具有心灵美的新一代。

2014 年 3 月

课本剧,孩子们的又一片天地

刘胜娥　余　清

《小学课本剧的开发与实践研究》这个研究课题在我班已经实施了几年,孩子们跟随着课本剧的脚步,也走了几年。近几年来,课本剧既给孩子们带来了快乐,也让他们收获颇丰。

一、选择课本剧题材,提高学生解读文本的能力

对于三年级的学生来说,阅读能力还处于萌芽阶段,怎么有效地培养阅读能力?将静态的文字立体化,把课文编成剧本,让学生变成演员,尝试以演的方式来解读文本,是孩子乐于做的一件事。今年的三年级教材是新改版的人教版教材,对于教材内容我不是很熟悉,到底选那些课文来编演课本剧学生会比较喜欢呢?我决定将这个"烫山芋头"抛给我的学生。我将全班学生分成七个队,利用一节班会课的时间开始组织活动,要求每个队的队长带领各组的成员熟悉语文教材,至于采取一种什么样的方式,我并不干预。一节课后,收集整理信息,由各队队长将自己选定的内容呈报上来。他们初步选定的内容是:《绝招》、《七颗钻石》、《西门豹》、《除三害》、《争吵》《七色花》，我仔细地阅读了这些文章，发现孩子们具有独特的眼光，敏锐地捕捉到了适合编演课本剧的课文。我发现，他们选定的这些课文都是具有一定的故事情节，有一定的矛盾冲突，还具有教育意义的文章。更为重要的是，孩子们能用肢体动作将文字动起来。因为要表演主动去阅读，因为有兴趣就会仔细读。因而即使我没有教，孩子们对文章的故事情节已经有所了解，对文章的内涵也有了初步的领悟。

二、排练课本剧，创设体验生活的机会

《鹬蚌相争》是我们班三年一期排演的一个课本剧。主角打渔的老头是从 48 个演员中海选出来的，打渔离我们的生活太远，特别是如今的小孩怎么能演好这个角色呢？可是谢志鹏，这个很热爱表演的男孩真不错。首先他从剧本里了解渔翁的知识，觉得还不够，又从电视里网络上寻找答案，可是感觉还是不到位，又去向父母、邻居请教，还是找不到感觉，状态不佳，在这种情况下，干脆在下雨的天气里，跟在乡里那些背着鱼篓打鱼的老头后面，看他们样子，模仿他们的动作、神态，甚至背着她妈妈给他准备的鱼篓下田、下河体验生活。当他找到了感觉，又一起和自己竞争的对手切磋，提高技艺。后来，我们的课本剧《鹬蚌相争》男主角上台，他那滑稽的外貌、诙谐的语言、有趣的动作就引起全场掌声，孩子在掌声中渐渐成长起来。

三、表演课本剧，张扬学生的个性，发展学生的表演能力

从心理学的角度来说，每个学生都有被重视、好表现的需求，课本剧就正好提供给孩子这样一个展示的平台。课本剧能把每个学生潜在的能力品质挖掘出来，并且让这些品质放出光芒，得到大家的认可、赞赏。《神秘的老奶奶》是我和指导老师梁阜球带领学生改编出来的剧本，姑且不提这个课本剧带给孩子的情感体验和品德的熏陶。我们这里单讲剧本给那八个孩子带来的变化，需要承担的角色。首先是文中的小记者，要求普通话标准，音色甜美，记忆能力好，面对观众的时候，要能镇定自若。虽说不能和真记者媲美，但也要像那么回事。根据这些情况，就能给那些长大想当记者、播音员的同学以锻炼的机会，同时提高自身的水平，将自己的语言水平发挥出来。第二个需要的是老奶奶。小孩子演老奶奶，年龄跨度这么大，并且是男

教师的新平台

孩演老奶奶，角色反串，难度可想而知。可是我班吴钿俊同学主动请缨饰演这一角色，在表演的过程中，将他本身所具有的那一点表演能力发挥得淋漓尽致，正如其他教师所说：这个老奶奶具有表演的天赋。教师的工作就是这样，找出闪光点，就是挖掘一座金矿。第三个儿子是一个热爱劳动、关心体贴父母的好儿子，选用的演员是一个平时在家比较勤快、真正关心体贴父母的学生，当他上台表演的时候，他能将热爱劳动的本质表现出来，他是多么开心，这么多的观众都在看他的表演，其实应该说是这么多的老师、同学都在表扬他。热爱劳动、体贴父母，这种良好的道德品质就在这种光明磊落的认定中逐步生根、发芽，长成参天大树。至于另外的三个妈妈及两个儿子，虽然没有前面三个角色的出色，但是在孩子演妈妈的角色反串中，体会到了当父母的不易。一次成功的实践胜过无数次没有意义的说教。孩子提着水桶围着小小的舞台走两圈，累得气喘吁吁，手痛肘酸，亲自体验劳动，体会生活的艰辛、水的珍贵，比在平时教育中说的"父母养育我们很辛苦，水是生命之源，要珍惜水源"要生动多少倍。他们在面对观众演的时候，真正体会到了劳动快乐。老师的肯定、同学们的掌声，带给他们的是心灵的最大的满足。

课本剧，让黑白的语言文字鲜活起来，引领学生走进了语文教学的又一片新天地，让他们学会实践，尝试创造，并使他们的学习生活生动起来，给他们带来了一片更广阔的晴空。

原载《科教新报》2014年9月25日03版

孩子们在排练《神秘的老奶奶》

《小丑伯伯》从改编到演出

谭新民　蒋　玲

　　《小丑伯伯》是我们编导的课本剧中一个让观众比较喜欢的剧。原作是奥地利作家约·马·齐默尔的一篇充满艺术魅力的小说,叫《小丑的眼泪》,约4000字。经删节,选为湘教版小学语文五年级课文,约1700字,还是很感人。我们决定将其改编成剧。小说讲的是,圣诞夜前一天,马戏团大帐篷里跑马道旁,年迈的小丑为324个孩子和他们的父母作精彩的表演。孩子们欢叫着,笑得那么开心。小丑发现,只有一个叫爱丽卡的盲女孩因为看不见而没有笑。他心情沉重,亲口答应第二天下午六点钟到她家去专门为她表演。尽管第二天风雪交加,小丑依然准时赶到。表演很艰难,很吃力,却很成功。他终于让盲女孩爱丽卡笑了,笑得气喘吁吁。爱丽卡的父母面面相觑,心底触动。爱丽卡用心灵看到了表演,由衷地赞美小丑说:"你是世界上最美的小丑。"这体现出小丑的美不在外表,而在于他的善良、纯洁、富有爱心。小丑自己也流下了感动的泪水。

　　改编过程中,我们牢牢把握小丑的心灵美这一精髓,而对其它方面作了较大变动。第一,改成课本剧,要着重考虑的是能否在教室里演出,时间、空间和场景要高度集中。这一点是戏剧和小说、散文的最大区别。教室前供演出的地盘只有几平米,不分幕,不可能过多地更换场景。几天发生的事可设法集中在一天发生。几处发生的事可以在同一地点表演出来。小说中有两个场景:一是在跑马道旁,小丑为众多孩子表演;二是在盲女孩家里,有4个人物,即爸爸、妈妈、盲女孩和小丑。我们将两天的事合二为一,故事都在盲女孩家里发生。人物改成三个,爸爸不在场了。戏一开头,是妈妈念盲女孩的作文。她在作文里回忆先天跑马道旁发生的事,急切期盼小丑伯伯

教师的新平台

快点到来。这样就浓缩了时空，便于表演了。第二，故事内容有了较大变动。原来是外国背景，我们就把它本土化、民族化，让孩子们更容易接受。原来是小丑装鳄鱼、装小熊跳舞，我们就把它改为装孙悟空、装猪、小狗等。盲女孩在愉悦的情绪中发生奇迹，重见光明，真正看到了小丑的形象，发现小丑是个跛脚残疾人，立志长大后要成为一名医生，帮小丑把脚治好。第三，力求进一步深化主题。原作主要是写小丑关爱盲女孩，而本剧体现的是相互的关爱。盲女孩和她妈妈都非常尊重小丑，妈妈教育女儿要叫小丑为小丑伯伯。剧本也以《小丑伯伯》命名。第四，人物性格更加明朗，个性更为突出。盲女孩显得活泼、淘气、有爱心。妈妈是师范学院心理学教师，通情达理，能按照儿童心理规律来教育孩子。全剧故事线索单纯，虽没有剧烈的外部冲突，但情节有起伏，有生活气息、喜剧气氛，对观众有吸引力。

俄国作家果戈里说："戏剧在舞台上方能生活；没有它，剧本就好像没有灵魂的灵魂。"《小丑伯伯》编写完后，我们即指导学生全身心投入排练，准备在涟源市小学教导主任培训班上演出，那是 2010 年暑假的事。导演谭新民在班上选的三个角色十分到位。饰妈妈的李雅婧，虽然年纪小，但文化素质好，老成，模仿妈妈的言行举止不太难。班长谭姝豪，美丽可爱，机灵调皮，有组织能力，让她扮演盲女孩再合适不过了。谁来演小丑呢？这可颇费了一番心思。他必须大胆、热情、幽默，模仿能力强，最后选定王江华。导演和演员排课本剧都是第一次，无经验可言。光记熟台词容易，自然地配上动作和表情就难了，不是忘了这，就是忘记那。天气酷热，几次排练下来就精疲力尽了。后来让他们回家单独练习，琢磨自己扮演的角色，对着镜子边说台词边表演。这么练习一段，再联贯地进行排练，进入状态就快多了。饰小丑的王江华特认真，模拟各种动物叫声和真的一样。彩排时，他戴上面具，加上几个滑稽动作，其它孩子就哈哈地笑得前仰后翻。小丑的面具是我们自己动手制的：鼓眼睛、红鼻子是用果冻壳嵌在硬纸上；配颜色的材料是从广告店拾来的不干胶纸；鼻子下面有两撇长长的八字胡须，实在逗人快乐。

排演过程中，孩子们自由发挥，不受剧本的束缚。小丑上场，进盲女孩的家以前，先露几手给观众看。他装黄牛叫、学大猩猩走路模样，活灵活现，增添了喜剧色彩。盲女孩杀"猪"的细节也有变动。原是"猪"躺到地上让盲女孩"杀"，那样观众要站起来才看得清。孩子们就准备一条小长凳，让"猪"伏在凳上，这样盲女孩杀"猪"，方便多了，观众也一目了然了。

现实生活中，孩子们常以游戏的方式参加社会实践。他们在草地上用沙子作米，用瓦片当锅煮"饭"吃，也常作打仗、杀猪的游戏。孩子们在假定的角色扮演中体验着表演与模仿的乐趣。这种角色游戏与戏剧形式是相通的。王江华等孩子们对戏剧表演感兴趣，是因为戏剧迎合了他们的这种心理特点。

《小丑伯伯》在小学教导主任培训班上的公演很成功，赢得了阵阵掌声和喝彩声。后来在班上即兴表演和其它场合演过多次，都很动人。尤其是王江华的表演天赋令人瞩目，他一时成了全校的新闻人物。现在演员们都上高中了，课本剧编演活动留给他们的是童年的美好回忆，是一生中难忘的经历。

2014 年 11 月

让孩子们尝尝"海选演员"味

刘胜娥

今天，为了课本剧《鹬蚌相争》的渔翁人选，我让我的孩子们过了一回表演瘾，当了一回评审专家，让他们尝了尝海选演员的滋味。

一

为促进学生生动活泼的学习，我们将寓言《鹬蚌相争》改编成小歌剧，让学生演出。渔翁是剧中的老头，爱喝酒，语言幽默，动作滑稽。排演之先，我让他们读了剧本，并教会了唱段。他们能自导自演了，我不做任何提示了。第一步是海选演员渔翁。我采取电视中大赛的形式，自愿报名参赛，秉着"公开、公正、公平"的原则，由未参加海选的同学任评委。

二

下课铃响后,孩子们迫不及待地报名了。我一数,哇,18 人参与竞争。我在讲台上一边弹着风琴,一边报着名单,而孩子们是欢喜万分。参赛人员跃跃欲试,评审人员严肃认真。海选开始了,参赛人员根据自己对剧本的领悟及已有的生活体验,运用语言、动作、表情生动地塑造渔翁形象,创造一种他自己认定的美,而评审人员也是天然的审美专家,他们根据演员的各种表现,及时作出判断,是留还是走。教室里不时响起一阵阵雷鸣般的掌声,我不用看,不用询问,已经知道这个演员的结果。孩子的心灵是敏感而脆弱的,另一种情景是,那寂静的一瞬间,小演员就自动走下讲台,不用我宣布"挑战失败",即使是不舍,他们也知道该如何做。海选初步结束后,留下六个满意人选,在这六个人中选谁呢? 说实话,当时不是我说了算,而且我也真不知道该选谁,交给孩子们去处理吧。

三

紧张的角逐又开始了,六个孩子在心里暗暗较劲。我把六个孩子分成三组,让每组两个孩子同时表演,而评审人员必须对他们进行各方面的权衡,采取当场投票表决。参赛人员尽心尽力,每一处细节都处理得很到位,将渔翁的形象淋漓尽致地表现出来了。我是导演,却对这个角色比较陌生,孩子们的表演要胜出我的估计不知多少倍。报名中有几个孩子平时说话都不敢大声,肖卓鹏、吴湘平、刘权、刘文海等平时回答问题声音细若纹丝,而今天,"太阳从西边出来了",站在讲台上,竟然也有板有眼地唱开了、舞动了,即便挑战失败,也输得心服口服,毫无怨言。而挑战成功的谢志鹏、梁超旭,真可谓是人中骄子,他俩实在难分高下,就定为 A、B 角,轮流演。这样,戏剧性的海选就告一段落。

四

今天,我感到汗颜,我发现平时过分注重语文知识的积累,忘了丰富孩子的情感和阅历,忘了兴趣才是最好的老师。很多时候,我们认为孩子还小,他们对这个世界的认知还处于混沌状态。而陶行知说:"你把小孩当小孩,你比小孩还小。"此时,让我真正认识到了,他们才是真实的,是真正具有审美能力和创美能力的一个群体。他们的思维不受拘束，他们以自己的独特方式感知着这个世界。如果创造机会，我觉得可以尝试让学生自编自导自演课本剧，班上的许多事情，也可采取"放养式"，孩子们发展的天地不就宽广得多了吗？

原载《中外教育》2011 年 6 月总第 192 期

《鹬蚌相争》公演过 5 次，成了我们班的传统剧目。海选出来的渔翁扮演者谢志鹏成了"明星"，孩子们戏称他是演渔翁的"专业户"。

课本剧导演日记

王大龙

在上级教研部门的鼓励与支持下，我校的课本剧编排活动红火起来。我们班要排演的剧目是《平平搭积木》，剧中人物形象栩栩如生，人物对白童趣十足。我决心勇挑重担，迎难而上，努力排演好这个剧。

11 月 19 日　星期五　阴转多云

一年级的小朋友不同于其他年级的小朋友，识字量还很少，我想这几天暂且让他们记熟台词再说。因此，我从班上选了四个学生——谭范文、梁雨琪、梁嘉惠、刘晓愉。谭范文扮演平平，他胆子大，声音也响亮，模样也惹人喜爱；至于奶奶这一角色，非梁雨琪莫属，雨琪普通话标准，吐词清楚，面部表情、肢体语言也较丰富；小鱼儿选谁呢？想来想去还是选梁嘉惠，她爱翘嘴巴、爱撒娇，和小鱼儿这一角色简直有异曲同工之妙；大公鸡就选刘晓愉吧，她乖巧、听话、认真，相信一定能够胜任。角色确定好之后，四人一人一份剧本，叮嘱他们回家把属于自己的台词记熟，同时也要纵观全剧，哪句台词什么时候说，要配上什么样的动作，心里好有个底。

11月22日　星期一　多云转晴

今天，我班的课本剧排演正式开始了。我心里根本没底，不知道孩子们能不能演好这个剧。暂且试一下吧。四个孩子走上了讲台，每人手中拿着剧本。看样子，孩子们也没把握，这是情有可原的，一切从零开始。首先是范文上场，他（平平）在台上搭好火车（暂用粉笔盒代替）并开始读第一段台词，虽勉强念完，但没有注意停顿，语气也较平淡，台下观众的反映也较稀松。我忙喝停，指导范文读好这段话，并配上一两个简单的动作。范文的接受能力较强，第二遍时好多了，只是眼睛老是盯着我，不知面向观众。其他小朋友对这个新鲜玩意儿挺感兴趣，当我把小观众该读的写到黑板上时，那声音可真是把整个教室都抬起来了，群情高涨，我也很受感染。的确，孩子们的学习太单调了些，偶尔来点调味剂，才有乐趣。

11月23日　星期二　晴转多云

今天是课本剧排演的第二天，主要是梁雨琪和谭范文的表演。梁雨琪真不错，台词基本上记熟了，有时还能提醒谭范文该说什么、做什么了。看着雨琪在台上摇头晃脑，可爱极了。当时，我心中也想过，是否让雨琪模仿老奶奶的动作，驼着背、拖动着双腿，但那是否太戏剧化了？让那么可爱的孩子去生硬地模仿老奶奶的动作，连我自己都有点不能接受，还是自然点吧。范文的那一声"奶奶"喊得可真好，有孩子的童真味道。但范文的语速较快，不得不暂停，指出范文的语速过快。雨琪天生是个可人儿，无论是语气、动作，都不须多加指导。小鱼儿和大公鸡已是跃跃欲试，期待自己快点上场，明天该你们了！

11月24日　星期三　小雨　冷

嘉惠有点让我失望，她的台词很不熟练，要看着剧本一字一句地念，且态度有点不严肃，本来要翘嘴巴、很不服气的样子走上来的，她却嘻嘻哈哈，和其他角色吵吵闹闹。我批评了她几句，她有点不高兴。我的内心不由一颤，她毕竟是个六岁的孩子呀，怎能对她要求那么高，不能一口吃个大胖子呀。于是，我又软言相劝："嘉惠，小鱼儿这一形象太适合你了，你看，你现在就像一条不服气的小鱼儿！"嘉惠听了，咧开嘴笑了，我也笑了。刘晓愉的表现较一般，她的台词很少，总共才两三句话，但晓愉态度非常认真，一个简单的角色她也能认真对待，精神可嘉。

11月25日　星期四　晴

今天，我打算让他们从头至尾来一遍。他们很高兴，觉得这与演戏一样，一脸兴奋的表情。第一遍排演开始之前，我叮嘱他们几点：一是要尽量面对观众；二是声音要响亮，吐词要清楚；三是动作要自然，衔接要连贯。排演开始了，大家都很认真，但台词有点遗忘需提醒。范文的"四间房"老是说成"四件房"，"不用谢我"说成"不应谢我"；梁嘉惠的"一字一句"老是说成"一次一句"；小观众的唱词衔接得不够好，需我带头。但总算迈出了艰难的第一步！

11月26日　星期五　阴转多云

每天抽出一节课练习课本剧，今天已是第五天了。看着他们一天比一天有进步，我的内心挺高兴的。孩子们的语言方面还须加强，至于动作方面呢，嘉惠的"平平哥哥忘了"之后的踩脚动作老是做不好，有点做作的味道；雨琪在旁一看就做得活灵活现，把小鱼儿不服气的神态表现得淋漓尽致，可惜雨琪没有分身术；范文的"不，我再搭一间房子给小鱼儿住"那一扬手的动作做得有点大将风度。只是他们语速仍把握不好。

11月29日　星期一　多云转晴

又是一个星期开始了，休息了两天，孩子们是否还记得？一试就知道了。其他三个小朋友倒还记得，只是嘉惠有点三心二意，在教室里乱跑。轮到她上场了，大家的目光都盯着她，她没有反应。底下的小观众新鲜劲一过，也都在各玩各的了。我气极了，怒斥了梁嘉惠几句，又批评了班上的其他同学。心中不免有点烦躁。小猴崽子们为什么不愿意好好配合呢？三天新鲜劲一过，他们就不怎么搭理了。有的小观众记忆力不错，该谁表演，说什么台词，做什么动作，他在底下模仿。结果吵的吵，闹的闹，中间还杂夹着好几个平平、奶奶、小鱼儿、大公鸡。郁闷！真郁闷！这天的排演令我心情很差，我的脸色变了，台上的演员演出情绪也低落了，真是牵一发而动全身。

做老师也真累,既要教书育人,还要充当一名合格的导演!

11月30日　星期二　阴转多云

昨天的排演不够顺利,期待今天有所变化。首先我调整了一下自己的心态,尽量多表扬表现棒的孩子,让其他小朋友纷纷效尤。用平常心对待一切,多点耐心吧。经过昨天的不愉快,有几个小观众的表现特别佳,肖思怡、梁鑫、刘怡君、吴宇彤、梁飘,大力表扬了她们。四大主角的表现仍有点不尽人意,范文的语速仍有点快,"我们的书上说了","书上"两字根本听不清,更糟糕的是"大公鸡"刘晓愉感冒了,声音完全嘶哑了,公鸡的叫声变成了难听的嘶哑声,范文一听就捂耳朵,"难听死了,难听死了。"怎么办?我想到了换人,但马上否决了自己的想法。能被老师选中演课本剧,他们是多么高兴呀,如果临时找人换下她,她该多沮丧呀。呵护每一颗幼小的心灵是为人师的职责,希望晓愉快点好起来。

12月1日　星期三　晴转多云

排演仍然进行着,范文的奶奶特意从超市买来了积木,家长非常配合老师。排演了三遍后,我叮嘱范文回家把积木搭熟练,不能耽误太多的时间。

12月2日　星期四　多云转晴

今天的排演发现了一点问题,感情色彩不够浓,语气较平淡。范文、雨琪俩的"哇,真漂亮!"没有惊喜的语气,纯粹是背台词,须加以指导。雨琪的两颗门牙掉了,说话有点漏风,嘻嘻。

12月3日　星期五　晴

今天继续安排一节课排练。范文把积木带来了,在桌上摆了摆,但搭房子时出纰漏,一大堆积木倾巢而出。台下的小观众可乐翻了,一窝蜂似的跑上来捡积木,场面相当壮观。看样子,范文的积木须想办法稍加固定才行。

12月6日　星期一　阴

今后的排演工作侧重于细、精,力求做到更好。对于我来说,初次接触课本剧,感觉有点陌生,不太适应,万事开头难嘛。但孩子们的热情高涨,特别是听说要录像后,更是喜笑颜开。爱美、爱表现是孩子的天性,其实,课堂上孩子们的即兴表演也能吸引孩子们的注意力。12月份将邀市教育局、市教研师资培训中心和中心学校领导及兄弟学校老师来观看。演出是一种手段，从中能体验到乐趣才是最关键的。也期待课本剧之路越走越好，同时多点艺术因素，别沾染粗俗之气，愿课本剧成为我校的特色之花。

课本剧《游子吟》(古代版)编导心得

吴小好

我们26班新近加入了学校课本剧小组，恰逢学校课本剧大型义演活动，我班决定把一台原创的课本剧搬上舞台。

主意打定，立即行动。

第一步：选剧本。在一大摞原创的剧本资料里我决定选用情感丰富的古代版《游子吟》。剧本一确定，我们的排练也就有了方向。

第二步：选演员。演员必须符合剧中人物特点，不然就会弄巧成拙。时间再紧迫，选人之事也不得疏忽。最后，我选定了曾多次担任领诵的杨自强同学和具有舞蹈功底的刘芷慧同学分别担任主角孟郊与孟母。同时，为了使剧情更丰富，我又选出了普通话水平最高的黄伊瑜同学读"场外音"，声音洪亮的黄汉奎同学演更夫。

剧本和演员既已敲定，第三步就是排练了。我把剧本分发给了小演员们，要求他们先根据剧本内容，结合自己的理解把轮廓演出来，然后再帮他们抠细节。

一周后，我牺牲了周末休息时间，每周六下午安排小演员们到我家排练两个小时。我先给他们讲解了一番剧本的内容，分析了人物形象，让他们对剧本所诠释的主题有一个初步的了解。在接下来的排练中，果然不出我所料，由于孩子们熟悉了剧本内容，个个很快进入了状态，边演边记台词，半小时下来，第一场就排完了。

更让我吃惊的是，刘芷慧同学的表演简直是恰到好处，无论念台词，还是模仿老妇人的动作，都维妙维肖，十分到位。

　　杨自强同学相比刘芷慧同学的表演则稍逊一筹，但却是排练最认真的演员。我趁机告诫孩子们，别光看到演员们台上的出色表演，在他们光辉的背后，你们可知他们曾洒下多少汗水，付出多少艰辛。有句话说得好，"台上一分钟——""台下十年功。"孩子们立马接出下一句，我们相视一笑。孩子们那一双双装满笑意的大眼，分明让人领悟到了"一分耕耘，一份收获"的真谛。最搞笑的演员要数黄汉奎了，他出演更夫，手持木梆，敲打三下，再大声喊出："三更喽，天干物燥，小心火烛。"最让人省心的自然是黄伊瑜同学，她可是久经沙场，对语言的领悟力在班上无人能及。三处"场外音"几乎不用我多作指导，她就能准确流畅地徐徐道出，不知不觉把大家带入了别离、惆怅、迂回、曲折的情境之中。

　　也就两个周末的时间，课本剧出炉了。蓦然发现，课本剧编演也并非想象中那么难嘛。其他琐事利用平时闲余时间一一搞定，至于服装，在戏服定制中心订做了两套，一切就 ok 了。看着我的课本剧初具雏形，心中甚是欢喜，原来做远非想的那般难！我这才明白：如果你还没做，便被自己的假想敌所吓倒，那终将一事无成。反之，只要你勇敢地迈出第一步，成功就不会太遥远了。

　　最后一周只要试演几次，让孩子们熟悉流程便大功告成。周二的下午，我们将讲台装扮成了舞台，演员们整装待发。当一切布置妥当，小演员们身着古装出现在同学们面前时，全场哗然。可能是小演员们的形象与平时大相径庭，给台下的观众带来了强烈的视觉冲击，才使得举座皆惊。这正是我想要的效果！

　　试演开始了，小演员们非常敬业，他们似乎忘记了自己的真实身份，早已化身为剧本人物，深情地演绎着母子惜别之情。而最让我意想不到的要数台下观众们的表现了。他们目不转睛地盯着舞台，看到动情之处，他们也会散发无限怜悯；看到滑稽之时，他们也会开怀大笑。他们惆离别之怅，悲贪官之恶，感母子之情，喜表演之绝，在他们变幻莫测的表情背后一定也有着波澜起伏的情感吧！其实，一场成功的课本剧演出，我想，不应该单单是给观众带去一场丰盛的视听盛宴，更多的应该是让孩子们在观赏过程中用心去感怀，从而受到情感的启迪，让简单的心灵逐步成长，并得到满足。

随着各项工作已然就绪，义演活动也悄然而至。正式的表演在黄伊瑜同学清晰柔和的场外音中拉开序幕，喧闹的会场瞬间鸦雀无声。当演出在母与子挥手告别之中落下帷幕之时，我在观众眼中感受到了意犹未尽的欢乐。我们的演出在全场一阵雷鸣般的掌声中圆满结束，我的编导之路也定格在了那张鲜红的奖状上，它成为了我们26班所有人共同努力与付出的见证，更是我们一次光辉的记载。

回首这段课本剧编导历程中的点点滴滴，我和孩子们有过苦，有过累，有过烦恼，也有过欢笑，但更多的是收获后的喜悦。自从课本剧走进了我们的校园，我们的生活更为精彩，我们的思想更为成熟。孩子们有了课本剧的陪伴，他们的童年也变得五彩斑斓，欢乐无限，意义非凡！

原载《科教新报》2014年9月25日04版

留守儿童小菲菲的"演员"经历

袁艳峰

欧阳雪菲，女，留守儿童，样子很秀气，人称小菲菲，涟源二小22班学生。她老家在涟源市六亩塘镇红光村。父母在深圳开家打毛线衣的小企业，母亲是苗族，他们在涟源市城区买了新房子。她由快60岁的奶奶带着，住在学校附近自己的房子里，上学很方便。小菲菲天性活泼，爱和同学们玩。她隔壁24班教室里常有同学在排演课本剧，她喜欢去看。她觉得演课本剧蛮有味，很想自己写个简单的剧，邀几个伙伴演。这时她才9岁，念四年级。她动笔写了个童话故事《小鸟历险记》，说小鸟不听妈妈的话，一个人到外面去玩，碰到一条蛇，蛇要吃它，好危险，是大花猫帮忙，它才逃脱。后来感到小鸟之类太多了，就改成《小燕子历险记》。再后来交给班主任老师看，一起商量，改成童话剧《还不会飞的小燕子》。最后由少先队校外辅导员梁爷爷整理加工。小菲菲高兴极了，自己当剧组组长，邀集她班上几位好朋友在她家里排练。很凑巧,剧中有5个角色,她恰好有4位这样的好朋友。在自愿基础上,哪个角色由哪个担任,由她作了安排。她把这个好消息发短信告诉了梁爷爷。排练中,她有个大发现,就郑重其事向梁爷爷打电话,那是2012年11月13日中午,小菲菲说:"你今下午放学时到我们教室门口来,有事和你讲。"梁爷爷如约到了指定地点,孩子们围拢来说:"梁爷爷,你帮我们修改的剧本有一点不符合实际,就是:小灰兔帮小燕子的忙,把它从刺篷坑里拉出来,不可信。"他们拿出剧本来指指点点,说:"小灰兔尾巴太短,改为小松鼠好。小松鼠尾巴长,像扫帚,柔软。它也不吃肉,只吃种子。小燕子咬住松鼠的尾巴符合实际些。"梁爷爷眯起眼睛说"好",孩子们乐得跳起来。最爽的感觉还是在班上排演,老师叫他们演就演,大步流星走到台前,不要化妆什么的。第一次演,当扮演小燕子的小菲菲叫另一小女孩"老妈"时,下面不少男孩羞得很难为情,用书本遮着脸,偷偷地笑。大型场合公演前,作为组长的小菲菲担心伙伴们演不好,出洋相,吩咐这,嘱咐那,伙伴们总是点头称"是"。其实,小菲菲的担心多余。伙伴们在公演时十分投入,认真得可爱,什么都不在乎,沉浸在一个幻觉世界。演完了,只听得台下一片掌声、欢叫声。很快,小菲菲读六年级了,各种名目的测试多了起来,她奶奶怕她成绩不好,怕她的爸爸、妈妈追究,不要她演什么课本剧了,手机也"上缴"了。她发给梁爷爷的最后一条短信是:"您认识皮朝晖叔叔吗?我很喜欢读他的童话剧。"

现在,小菲菲和她的伙伴们读初中了,也许她再也没有机会当演员了。但是,诚如全美最佳教师雷夫·艾斯奎斯所说的,他们从戏剧表演中"学习到的经验和建立的友谊是伴随他们一生的"。

让课本剧之花永不凋零

——涟源市第二小学课本剧编演活动侧记

李　璐

涟源市第二小学是一所崭新的学校,她年轻、自信、充满活力,拥有自己的梦想与理念:办有灵魂的学校,创有特色的教育,培有思想的老师,育有个性的学生。尤为令人称道的是,他们在课本剧的编演研究方面,摸索出了一条特色教育之路。

课本剧编演贯穿学校全科目

课本剧的编演贯穿各年级各科目,是涟源二小最大的特色。

2007 年,涟源二小承接了"小学课本剧的编演研究"课题研究项目,学校聘请专业人员给课题组成员授课,了解该课题与教育学生的关系,以及开展该课题的意义,学习如何编写剧本,如何排练剧本,如何表演剧本。几年来,课题组成员编写了 40 多个剧本,学生在老师的指导下进行课本剧排演,其中公演 28 个。学生制作了大量道具,课题组成员撰写了许多课本剧论文,在省级以上刊物公开发表论文 6 篇,学校还编著了《课本剧的脚步声——所小学的教育科研路》。

学校积累了丰富的编写、排演剧本的经验,并培养了一批能进行该特色课程教学的教师。尤其是 2012 年上学期举办的"演绎课本剧,践行真善美"课本剧汇报演出影响深远,课本剧的成果展示和为留守儿童献爱心合二为一。在这里,每一位老师都能成为编导,每一名学生都能成为演员。2013 年 11 月,涟源市教研师资培训中心为推广学校课本剧编演及研究成果,举办了以"义务教育学校课本剧应用研究"为主旨的全市课题培训会。2014 年 10 月涟源市教研师资培训中心举行年度立项课题主要研究

教师的新平台

人员培训会，由涟源二小课题主持人刘胜娥做经验介绍。该课题于 2011
年被纳入娄底市"十二五"规划重点课题,湖南省教育规划办"十二五"规划
一般课题,并于 2012 年获娄底市课题评比二等奖,于 2013 年获娄底市
课题评比一等奖。2014 年 10 月顺利通过湖南省课题结题评审,并被认定
为优秀课题。

师生合作排演课本剧

在课题研究的过程当中,涟源二小的教师是"作家",是导演,也是伯
乐。课题组主持人刘胜娥一方面要主持课题工作,另一方面她也积极参与
课本剧的一线研究工作。完成剧本《鹬蚌相争》的编写工作之后,她组织 24
班学生对"渔翁"这一角色进行演员海选。让孩子们自愿报名角逐演员,没
有参与角逐的孩子们担任评委, 这样激烈的竞争活动创造了一个个奇迹:
平时上课连问题都不敢回答的几个孩子, 居然在台上有板有眼的唱开来
了;孩子们个个不用学,竟然天生都是演员……演员确定了,排演就开始了,
教室、走廊、操场,都是他们的排练场。

一个剧本的演绎,不是老师和几个孩子的事情,而是一个班集体智慧
的结晶。毕竟有些情感与生活体验应该由学生进入角色去获得,而不是经
老师传授获得,所以,刘老师一般是让演员演,其余的同学就是观众、导演,
在细节的处理上让众多的孩子发出自己的声音, 说出自己的感受和体会,
演员们根据同学们的提议不断地修改、调整,直至达到最好的表演效果。刘
老师只在关键环节给演员们提出一个个建议。比如,24 班的李炅霖同学在
扮演《鹬蚌相争》中的水鸟角色时,起初的排练动作总是很难协调好,不是
碎步跨不好, 就是翅膀扇不起来, 要不就是歌声太小。刘老师建议这个学生
每天练习 20 分钟碎步,练一阵扇翅膀,再练 10 分钟演唱。在同学们每天
的督促和鼓励下,几天下来,问题就解决了。老师们发现,一个问题的解决,
往往是一群孩子在通过了几次讨论与多次练习之后才实现的。

在带领孩子们排演剧本的同时,刘老师也教孩子们用语言将演员生活
记录下来,鼓励孩子自编自导课本剧。新编童话剧《丑小鸭的新故事》就是
根据四年级学生李炅霖的作文《丑小鸭之死》改编而成。

让一年级的孩子排演课本剧,其难度可想而知。可王大龙老师丝毫没有畏难情绪。她在排练《平平搭积木》一剧时,先挑选出几名孩子,并根据孩子们的性格特点给他们分配好角色。然后把剧本发给他们,让他们回家把台词记熟,最后由全班同学配合表演。王老师每天耐心地教学生如何表演,如何表达感情,她自己也每天都坚持写日记,将孩子们存在的问题详细地记下来。同时她每天都在思索怎样推进课本剧的排演进度,使孩子们更快融入角色,爱上课本剧。在每天的排演中,王老师亲自表演,给孩子们示范,同时将排练中的感受记录下来,一个剧本排演下来,就写下了一万多字的导演日记。

在这个课题组里,有着许许多多这样执着的老师,这样的故事可以说是数不胜数,虽然平常,可就是这无数的平常创造出来了一条不平常的特色教学之路。课本剧从此走进了各门学科的教学,也走进了每一位老师和学生的生活。

编演课本剧让学生受益匪浅

涟源二小的课本剧编演活动,丰富、提升了校园文化内涵,增加了学生体验多元化生活的机会,使学生生活更加有声有色,更重要的是提高了学生解读文本的能力和运用语言的能力,还张扬了学生的个性,发展了学生的潜力,培养了学生的想象力和创新能力。

比如,剧本《还不会飞的小燕子》,本是 22 班一个叫欧阳雪菲的女孩,因为经常看其他班的孩子排演剧目,自己也很想当演员,就动手写了一个童话故事《小鸟历险记》,后来班主任老师邀请校外辅导员梁阜球爷爷一起将这个故事改编成剧本。改编的剧本就由欧阳雪菲本人招募剧组成员,根据剧本排演。在剧组排演的过程中,因不断发现有细节不符合实际,剧本被不断修改、完善,最后定型时已臻于成熟。例如,剧本原来是小灰兔帮小燕子的忙,把她从刺蓬坑里拉出来,可孩子们觉得不可信,小姑娘就把梁爷爷约来学校,指着剧本说:"灰兔的尾巴太短,改为小松鼠好。松鼠的尾巴长,像扫帚,柔软。小燕子咬住松鼠的尾巴比较符合实际。"

瞧瞧,课本剧的魅力有多大,简直让孩子们痴迷了。他们不但想演课本剧,而且想演自己的作品。也正是因为有了课本剧,学生的生活体验更丰富,语言表达能力也更强了。

原载《湖南教育》2015 年 1 月 B 版总第 228 期

四
愿校园戏剧之花遍地开

精彩的故事演出来

《小学生导刊》记者　袁　妲

通讯员　李　辉　余　清　颜细芹

湖南省涟源市第二小学的小朋友在老师的指导下，将课文改编成好玩的课本剧，准备道具，精心排练。他们的演出精彩极了，赶紧去看一看吧。

排练真辛苦

当小演员可是一件苦差事。短短的几分钟表演，却要排练很长时间。为了演好自己的角色，小演员们想了许多好办法。

我和表弟被老师选中当《环儿遇险记》中的小演员。课本剧里为我安排了一个哭脸的情节。一开始我总是"哭"不好，表弟热心地给我提意见，还亲自"哭"给我看。我俩在书房里一起"哭"得正起劲，大人们吓坏了，还以为我们在吵架。哈哈！

——吴碧瑶

排练时，我们动作很呆板，念台词像背书一样。我演水鸟，不是小碎步跨不好，就是"翅膀"扇起来不协调，要么是唱歌的声音太小了。

老师给我出主意。每天练习 20 分钟小碎步，练一阵扇"翅膀"动作，练10 分钟歌。我练了几天，觉得太枯燥了。

同学们围着我，问："你练得怎么样了？我们好想看你们表演，你们的这个课本剧好有趣哦！"听了他们的话，我劲头又来了！加油！我给自己鼓劲。

——李炅霖

我扮演《神秘的老奶奶》中的老奶奶。我把剧本看了好几遍。我是一个小男孩，要演一位老奶奶，怎样才能演好呢？我仔细观察奶奶的言行举止，模仿她走路的样子,反复练习,还经常向她请教。

——吴钿俊

小歌剧《想做好事的小尤拉》中,我演小尤拉。坚持了一天、两天、三天……我能熟练地背下台词了。排练时,我的动作和表情得到了吴老师的夸奖,我心里美滋滋的。

——阿 智

排练课本剧《孩子,你一定会回来的》时,最令我震撼的是曾叶鸣。剧中有这样一个细节:"母亲"倒下去,双手拉紧"孩子",不让她被人夺走。曾叶鸣总觉得自己摔得不逼真,于是一遍又一遍不厌其烦地摔,直到满意为止。她锲而不舍的精神使我深受感动。

——李雨欣

以前,我只是一个平凡的小男孩,在班上没多大影响。可自从参加课本剧演出后,我在班上小有名气了,还多了一个外号——"小丑伯伯"。

为了演好小丑,我在网上看了很多有关小丑的视频,一遍遍模仿他们的动作、表情。我还跑去屋后的屠宰场,观看杀猪的情景,模仿猪的叫声。功夫不负有心人,我模仿得越来越像。为了避免表演时怯场,老师建议我去人多的场合排练。我照做了,这招果真有效,连妈妈都笑着说我是"表演狂"。

——王江华

演出真精彩

汇报演出就要开始了。小演员们从容地走上舞台,沉浸在不同的角色中。台下响起一阵阵热烈的掌声。

汇报演出就要开始了,老师给我化了个小丑妆:蓬松的爆炸式假发、红红的鼻子、夸张的大嘴巴、一条宽松的大脚裤。光这身打扮就够吸引眼球的了。

我自信满满地走上舞台:学鸡叫、装羊叫、模仿猩猩……我完全沉浸到角色中。台下热烈的掌声告诉我:我成功了!

——王江华

临上场时,我慌了,害怕得哭了起来。我蹲在墙角,任凭老师怎么劝我、哄我，我都不动。老师没办法，只好换上李若愚来演。

我偷偷看着李若愚演的"小尤拉"那么神气，心里有点后悔，忍不住又哭了。吴老师鼓励我，要大胆，下次一定会演好。

机会来了，排演《虎大王开会》时，我抢着报名演虎大王。我用最快的速度把台词记下来，每次排演都不偷懒。演出那天，我化了妆，戴上大眼镜和虎头帽，披上"虎皮"披风，神气极了！一走上舞台，台下就响起了欢呼声。

——阿　智

收获真不少

编演课本剧，获得难忘的成长体验，小演员们的收获真不少。

课本剧演出成功，我沉浸在喜悦之中，忍不住突发奇想，把《丑小鸭》改编成剧本《丑小鸭之死》。梁爷爷把它带到长沙，给《小学生导刊》编辑部的皮朝晖叔叔看，他也说写得不错。我受到鼓舞，想邀请大家排演这个剧本。

老师和梁爷爷非常支持我，让我们好好排演，参加校园艺术节演出。我们热情饱满地行动起来。以前都是演老师写的剧本，这一回演的是自己的作品，感觉真妙！

——李炅霖

济公出场了。只见他头戴破帽，一手摇烂蒲扇，一手拿酒葫芦，跟跟跄跄地走上舞台，嘴里得意地哼着"鞋儿破，帽儿破"。全场观众都被逗乐了，我笑得趴倒在桌上。

这个课本剧给了我很深的启迪：人要胸怀宽广，与大家和谐相处。

——谭遥娜

演课本剧不仅能够锻炼自己的胆量，还能为别人带来乐趣，当演员真有趣。

——吴钿俊

演小丑让我找到了自信，也让我懂得一分耕耘一分收获的道理。

——王江华

指导老师：刘胜娥　吴喜平　李炯妮　谭新民　毛　军

原载《小学生导刊》2012年8月中旬刊

将爱传递到远方

《小学生导刊》记者:袁 妲

特约记者:李 辉 余 清 颜细芹

2012 年 5 月 29 日,湖南省娄底市涟源二小的操场上张灯结彩,热闹非凡。熙熙攘攘的人群中,传来稚气的吆喝声:卖票啦,卖票啦,一张两元,快来买呀!

同学们响应《小学生导刊》的号召,为山区留守儿童送温暖,策划了一个大型课本剧爱心义演活动,将所有门票收入购买童书,送给山区小伙伴。这场盛大的演出,小朋友们已经整整准备两个月了。

让我们听听他们的精彩故事吧——

等待着,盼望着

用心设计门票、亲自制作道具、精心准备演出……全校的同学都怀着迫切的心情,期待着演出那天的到来。

小朋友盼过年,过生日,过儿童节……但这段时间,我最期盼的是学校课本剧爱心汇报演出。

这次演出和以往有点不同。这是一次义演,同学们都要购票来看我们的节目,卖票所得全部用来购书,赠送给张家界一所山区小学的留守儿童。我们可来劲了,一有空余时间,就赶紧排练。吴老师竖起大拇指说我们长大啦,懂事啦!

——阿 智

他们平时都是在教室里演练,我们偶尔从门缝里看表演,不能尽情观赏,我们的胃口被吊得老高。

我怀着迫切的心情,耐心地等着汇报演出那一天,好不容易等到星期四,却下雨了……我们赶紧祈祷着:苍天呀! 求求你明天一定不要下雨啊!

——欧阳雪菲　梁桂辉

来之不易的门票钱

大家经过商量,决定将门票价格定为两元。小观众们的门票钱从哪里来呢? 老师给大家出了一个好主意——这两元钱,自己想办法"挣"。嘿,这真是太有挑战了!

同学们的门票钱,有的是节省了零花钱,有的是做家务活挣来的,有的是捡矿泉水瓶换来的。

——石舒琴

我每天的零花钱是一元,只要两天不吃零食就 OK 了。我得意地想。

星期一,一个同学买了我最爱的麻辣零食来到教室,香味直冲我的鼻子。我不由自主地往商店跑去,买了一包五角的麻辣零食,一边津津有味地吃着,一边想,反正还有五角钱。放学时,我看见商店里的冰柜,两眼放光。想着冰棍那令我回味无穷的味道,我赶紧跑过去,把存下来的五角钱买了冰棍。我想,明天、后天,还有两天,正好有两元钱买门票。

第二天,姑姑照例给我一元零花钱。我刚到学校,想去买零食的念头又出来了。我拼命忍住,好不容易忍到放中午学,我决定把钱放到家里藏起来。这一天,我很高兴。因为我存钱成功了。

第三天,我仍旧把钱存在家里。放学了,我顶着烈日回家,看见存的钱,疲劳都消失了。

第四天,我拿着两元钱去学校。广播里说由于下雨,演出活动推迟到下周举行。我又贪吃怎么办?不如把钱放老师那儿存起来,老师高兴地答应了我。这下,我终于放心了。

我终于存了两元钱,这是我第一次存钱成功。存钱不仅可以看演出,还可以帮助别人,真好!

——杨尔纳

激动人心的时刻就要到了

等呀,盼呀,这一天终于到了。操场里人头攒动,每个人都在兴奋地议

愿校园戏剧之花遍地开

论着。激动人心的时刻就要到来了,小工作人员忙个不停。

我们班的任务是卖票。开始入场了,一队一年级的小弟弟向我们这个窗口走了过来。看到这群像蚂蚁一样的小弟弟,我莫名其妙地紧张起来。一只只胖乎乎的小手伸进箱子里,看得我头都晕了。他们有的投了钱不拿票就猴子似的跑了,有的不投钱,直接问我要票。

好不容易他们全进场了,我们数了数箱子里的钱,总共320元。我们再数一次,这一次是420元。"怎么相差这么多?"我们惊叫起来。"再数一次。"我们异口同声地说。

我们数10元就夹成一捆,终于数清了,总共420元。任务完成了,伙伴们一个个像欢快的小鸟飞回了队伍。

这次卖票,对于我来说是一次大考验,也是一次难忘的体验。

——李帅杰

演出马上就要开始了,13个售票窗口井然有序地排成一行,每个窗口出售两个班的门票。

同学们手里拿着这个星期积攒的两元钱,自觉投入爱心箱中,等着拿票,进入场地。我是小演员,本来可以不买票,但我把这周的零花钱存起来了,有7元。我自己买了票,还帮爷爷也买了一张。

13号窗口是对外开放窗口,爷爷奶奶、叔叔阿姨都在自觉排队哩!瞧,一个高个子伯伯还买了10元的门票,谁呀?我一问,原来是中心学校的李志雄校长。

同学们进入场地后,进行了热闹的拉歌比赛。这边的歌声刚停,那边又起,真是此起彼伏。

——李炅霖

现场演出真精彩

盛装打扮的小主持人走上舞台,声情并茂地报幕。演出开始啦,观众席里掌声不断,真是太精彩啦!

演《鹬蚌相争》时,渔夫的渔网被蚌壳夹住了,怎么也拉不出来。突然,蚌壳一张,渔夫没有防备,被摔了个四脚朝天,贴在嘴上的胡子也掉了。观众们哈哈大笑。可渔夫一点也不紧张，他捡起地上的胡子，不慌不忙地粘到嘴唇上。

——肖湘怡

"呱呱呱"，我蹦蹦跳跳地出场了。你看我头戴青蛙帽，鼓着圆眼睛，身着绿衣裳，神气地出现在大家眼前，就是一个神气的蛙博士。

——梁超旭

画家凡·高极度贫困，却将自己卖画所得的钱无偿送给一位饥饿的小女孩。

凡·高的作品在他死后得到认可，当年那幅《红虾》被拿来拍卖。拍卖师的拍卖声引起了全场的共鸣，我们也大声喊 500 法郎、800 法郎、1000 法郎……剧情进入了高潮。凡·高的伟大人格深深震撼了我。

——李建菁

彩排的时候，演小尤拉的小主角阿智不敢上场了。台下好多双眼睛等着看我们的节目呢。吴老师轻声问我："若愚，你记得阿智的台词吗？"我鼓起勇气点点头。

这一次演出之后，我们又演过好几次，阿智不再怯场了，我也越演越上瘾。参加了这次次活动，我们都长大了。

——李若愚

看演出的时候，有一个地方让我目瞪口呆：济公把小乌鸦变成彩乌鸦时，扮演小乌鸦的同学竟然开始脱衣服，后来一看，哦，原来是把穿在外面的黑色衣服脱掉，露出穿在里面的彩色衣服。看到这个情景，同学们都哈哈大笑起来。

——吴一涵

将爱传递到远方

演出圆满成功了，小朋友们还在继续忙碌着。他们清点好演出收入，马不停蹄地赶往书店。精心挑选好书本后，他们在老师的帮助下，将书送到邮局，慎重地寄了出去。

我们要用这些门票收入购买一些好书，送给山区学校的伙伴们，让他们和我们一样，能够接受好书的熏陶。别小看两元钱的门票，许多微弱的力

愿校园戏剧之花遍地开

量凝聚在一起，就成了一股强大的力量。

——李炅霖　黄玺羽

我才从小山村转学到这所城区学校，普通话说得不标准，成绩也不太好。我做梦也没想到老师会选我当小演员，演课本剧《环儿遇险记》中的"土地爷"。

每天放学，我不再像以前那样只顾看电视了。做完功课，我就对着妈妈的衣镜表演"土地爷"。

这次活动不仅帮助了山区小伙伴，还让我变得更加自信。

——李俊伟

这次演出锻炼了我们的胆量，展示了自己的才华，更重要的是让我们懂得了只要人人献出一份爱，这个世界将会变得更加灿烂美丽。

——李雨欣　钟艺兰

我仿佛看到了那边的小朋友正在翻阅着我们送给他们的书，笑得那么灿烂、那么甜美……

——阿　慧

指导老师：刘胜娥　毛　军　肖玉娇　袁艳峰　谭满元　吴喜平
谢奇灵　刘雪连　吴志云　袁艳峰　李炯妮

采访手记：

5 月 24 日，我们冒着绵绵春雨赶到涟源二小，听他们讲两个月精心准备演出的辛苦和快乐，还看到了小朋友们自己设计的门票、售票箱、演出服。站在被雨水打湿的操场，听到小朋友们兴奋地指给我们看：那是我们的舞台，那是我们的售票站，那是观众席……我非常感动。

这次活动，共募集到四千多元爱心书款。从活动策划到最后将爱传递到远方，老师们做了大量的工作。活动那天，当地的电视台和教育局等领导都赶到现场，见证着这场温暖而特别的演出。

对于课外阅读匮乏的山村孩子，一本好书也许就丰盛了他的世界。感谢辛勤的老师和可爱的小朋友们，谢谢你们善良的内心和强大的行动力，让我们一起用爱改变世界。

原载《小学生导刊》2012 年 9—10 月中旬刊

让课堂成为剧场

——涟源市第二小学课本剧编演活动纪实

邓跃军　龙永良

近三年来,涟源二小的课本剧编演活动步步发展,灿若春花。上学期他们在不同场合汇报演出十多个课本剧,无论是内容和形式,还是孩子们的动人表演,都可以说是精彩纷呈,令人耳目一新。

孩子们演课本剧有一种天然的积极性

爱游戏是孩子的天性,戏剧本身就是一种高层次的游戏。课本剧将有关教材内容改编成剧,通过孩子的表演,让教材立体化、形象化,特别受孩子们喜爱。一个班,如要海选课本剧演员,绝大多数孩子都会举起手来。他们都想试一试,都有一种强烈的表现欲。他们演课本剧有一种天然的积极性。24班为三年级学生,放学后他们自发在教室里排练小歌剧《鹬蚌相争》。老师没拢场,自己当导演,相互提出演技方面的改正意见。有时排到晚饭时分,还舍不得离开。《环儿遇险记》中有这样一个细节:环儿受了惊吓,头昏眼花,摔倒在地。扮演环儿的吴碧瑶为演得逼真自然,一次又一次往地上摔,不厌其烦。孩子们在排练课本剧中所表现的那种自觉和顽强,连老师和家长都感到惊讶。

编演课本剧促进了课堂教学最优化

课堂是教育改革的主战场。涟源二小引导教师将课本剧融入各科教学,使静态的文本语言化为动态的情景语言,激发了孩子的创造力,促进了课堂教学最优化。语文组长刘胜娥在教课文《三个儿子》时,将其改编成课本剧《神秘的老奶奶》。剧本保持原作精髓,并将必须掌握的基础知识渗透在台词里,有拓展,有创新。她以此为主要教学策略上了一堂观摩课。学生表演活灵活现,小观众激动不已,听课者大开眼界。年轻教师刘燕辉由于受课本剧研究的启迪,在上公开课《浅水洼里的小鱼》时,不被教材捆住,而注重培养孩子的想象力,让他们做适度表演,在情感交流中展现精彩的自我。他们还编了数学课本剧《长方形的亲戚》,将小学高年级学过的几种几何图形面积计算原理用一根"线"串起来,将枯燥的数学原理用童话剧形式展示在学生面前,情、理、趣有机结合,打开了数学教改一扇窗。

张扬了孩子个性,展现了他们的潜在能力

生命在于运动,教育在于活动。涟源二小选择课本剧为学生搭建活动平台,让他们在活动中张扬个性,展现自己的潜在能力。五年级学生王江华在《小丑伯伯》一剧中扮演小丑时,展露了他的表演天赋。他装大猩猩、装牛叫、装羊叫都很到位,在两次公演中发挥出色,一时成了全校的新闻人物。在《鹬蚌相争》中饰渔翁的谢智鹏,人聪敏,但就是不太爱学习。经海选当上演员后,他自己和家人都感到荣耀,台词记得又快又牢,学习热情高涨。给孩子一次成功的喜悦,胜过千百次说教。16 班是五年级学生,演的课本剧是《彩乌鸦　金狐狸》,他们应邀到三年级的 24 班演出。哥哥姐姐们演起来特别起劲,演后弟弟妹妹们还你一言我一语做一番评论。导演根据小观众的评议对剧情和化妆做了不少修改,使得这个剧比初演时更诱人、更精彩。

得到了家长支持,产生了良好的社会效应

教育寄托着亿万家庭对美好生活的期盼。深化教育改革已成为全社会的共同心声。学校开展的每一项活动只要对孩子的成长有利,对社会有益,家长总是积极支持的。一年级小朋友去年暑假接受一个演出任务,剧目是小歌剧《想做好事的小尤拉》,8 月 4 日在全市小学教导主任培训班上公演。排练时间天气酷热,班主任吴喜平只能一个个打电话给家长,通知孩子们 7 月下旬去她家里排演。剧中有 10 个角色,家长们不辞辛苦,每天清早准时把孩子送到她家里,中午又冒着烈日把孩子接回去。吴老师是第一次辅导孩子排课本剧,正因为有这么一些家长的支持,排练进展顺利。公演时孩子们表现得天真可爱,教导主任们不时为他们鼓掌喝彩。课本剧表演需要不少道具,如各类动物头饰、济公的和尚帽、土地爷爷的白胡子……辅导

老师就带领孩子们因陋就简自己动手制作,家长也总是积极配合。他们利用课余时间剪的剪,画的画,既学到了知识,又培养了动手能力。孩子们在教室或老师家里排练时,不少家长喜欢亲临观看,和孩子共同欢笑,享受孩子成长的快乐。

涟源二小的课本剧编演不只是一种文艺活动,而且是一项目标明确的教改课题研究。涟源市教研师训中心教育心理学特级教师梁阜球担任指导教师。他74岁了,仍痴心于教育事业。他向本单位申请当一名义务教研员,以涟源二小为基地,不计任何报酬,和师生共同探索,同演同乐。今年初,经娄底市教科所专家鉴定,这一课题获一致好评。他们决心更上一层楼,以《教育规划纲要》为动力,将课本剧打造成本校一张靓丽的名片。

原载 2011 年 3 月 12 日《娄底日报》第三版

愿校园戏剧之花遍地开

——涟源市第二小学课本剧编演活动调查

涟源市教研师资培训中心　李世奇

涟源二小的课本剧编演活动既是一项教育教学改革,也属校园文化建设。自 2007 年萌芽到现在,已自编剧本 34 个,公演 17 个。2011 年秋,这项研究获娄底市基础教育教学优秀成果二等奖,并被批准为湖南省教育科学"十二五"规划课题。涟源电视台、《娄底日报》、《中外教育》、《考试周刊》等相继作了宣传报道。2012 年 5 月,湖南教育报刊社派编辑袁妲和两名记者到学校采访。随后,所属《小学生导刊》(中年级刊)连续两期作了大量的宣传和推介。2012 年底,在省教育科学规划课题中期检查评比中,该项研究获一等奖。市教研师训中心已确定以《义务教育学校课本剧应用研究》为题,扩大研究范围,在全市深化普及。笔者曾多次观看二小师生的排练和演出,最近做了多种形式的调查。

一、课本剧编演顺乎儿童天性

课本剧是儿童短剧,大都由教材改编,由课堂分角色朗读演变而来。课本剧融知识、娱乐性为一体,促进学生生动活泼地学习,深受广大学生、家长喜爱。爱游戏是孩子的天性,戏剧本身就是一种高层次的游戏。一个班,如要海选课本剧演员,绝大多数学生都会举起手来,他们都想试一试,都有一种强烈的表现欲。24班现为五年级学生,他们演课本剧已有三年多历史,不少学生有了"表演瘾",经常问老师:"我们还演新课本剧吗?"孩子们演课本剧有一种天然的积极性。

二、以课本剧为手段,活跃校园文化生活

几年前,课本剧编演对涟源二小来说还是新鲜事,他们全没有经验,是摸着石头过河。2010年暑假,应市教研师训中心邀请,在全市小学教导主任培训班上公演了《神秘的老奶奶》等三个剧。孩子们充满童趣的表演博得了观众的一致好评,第一次显示了课本剧的魅力。

2010年8月,《国家中长期教育改革和发展规划纲要》颁布,全校师生倍受鼓舞。为以实际行动落实"纲要"精神,挑战陈旧古板的教学方法,12月,他们向有关领导和部分学校代表汇报演出了《小丑伯伯》等7个剧。这次演出准备较充分,多媒体配合,所演剧本每个观众人手一份,演出全过程制作了光碟。无论是内容和形式都令人耳目一新,引起了有关领导和新闻媒体的关注,更让师生看到了教改的曙光。

2012年5月,学校响应《小学生导刊》"关爱留守儿童,传递爱的温暖与力量"的倡议,举办了以"演绎课本剧,践行真善美"为宗旨的大型爱心汇报义演活动。这回公演11个课本剧,每个观众收取少许门票费。演出当日,观众如潮,秩序井然。孩子们看的是自己演的戏和教材里熟悉的故事,情绪高昂,满足了他们对艺术的渴求。演出圆满成功,共得门票费4131元,购买精品童书310册,寄送到慈利县杨溪完小留守儿童手中,将爱传递到远方。

三、课本剧编演是培养学生综合素质的新途径

综合实践活动是课程改革的一个亮点,也是一个难点。课本剧本身综

196

合性很强，整个活动过程就是一个生动的综合学习过程，涉及到文学、绘画、音乐、语言表达、信息搜集、动手制作等各方面能力的培养。一个课本剧演出小组就是一个研究性学习小组，一个课本剧的主题可以提炼成一个研究性学习主题。课本剧和综合实践活动的融合是培养学生综合素质的新途径。

四、孩子们参与此类活动，家长们没有不支持的

随着社会的大变动，家长们的教育理念在迅速更新。他们不希望自己的孩子成为孔乙己式的人物。他们希望下一代不单是有一定的文化素养，更渴望他们有道德、有社会交往能力、有活力。他们的孩子若能参与戏剧表演，他们从心眼里感到荣耀。在《小丑伯伯》一剧中饰小丑的王江华，其母是理发师；她不怕花钱，特意为孩子化了一个满意的小丑装。去年上学期，六年级学生李雨欣快要毕业了，但她还扮演一剧中主角李鸿章，有大段快板要背。家长是教师，毫无怨言，一遍又一遍地辅导孩子表演。公演时，家长在台下很有兴致地观看，共享成功的喜悦。

五、愿课本剧成为涟源、娄底校园文化建设的一个品牌

涟源二小的课本剧编演活动已迈出可喜的第一步。在十八大"实干兴邦"精神鼓舞下，他们决心进一步努力，将课本剧打造成涟源、娄底校园精神文化建设的一个品牌。为使梦想成真，他们渴望得到有关部门领导及社会同仁的理解与支持。

1.课本剧可成为新型的小学助学读物。

他们将要编辑的带光碟的《小学课本剧精选》，可读、可看、可演，是教材的延伸和拓展，是师生多年心血的结晶，是有别于考辅的新型小学助学读物，但要真正普及和推广，还得有领导和社会的支持。

2.课本剧可打造成 Flash 卡通动漫，成为网上教育资源。

当前，由于学校生活单调，不少孩子产生厌学情绪，迷恋于电子游戏。课本剧可打造成多姿多彩的 Flash 卡通动漫，以积极举措替代孩子们的电游阵地。

3.课本剧编演活动应遍地开花。

　　我国航天之父、当代民族英雄钱学森始终关心教育事业的发展。在他的最后岁月，温家宝总理曾两次登门看望。钱老就创新人才培养直面提出："处理好科学和艺术的关系就能够创新，中国人就一定能赛过外国人。"课本剧编演活动粗看是小事，但从艺术教育上讲是大事。我们可组织课本剧创作研讨、课本剧观摩演出、课本剧大赛、课本剧导演经验交流、课本剧照片及道具制作展览。教育电视台、少儿频道可播映优秀课本剧。我们应让课本剧之花遍地开。

　　4.扩大影响，彰显课本剧的优势。

　　涟源二小设想于今年11月去娄底作一次未成年人思想道德建设课本剧汇报演出，请娄底市教育科学研究所或其他单位主办，请有关领导、兄弟学校、新闻媒体观看、指导、评论。

　　"中国梦"是由每一个中国人的梦想集结而成的。愿涟源二小梦想成真，愿课本剧成为涟源、娄底校园精神文化建设的一个品牌。

2013年4月17日

原载《娄底教育》2013年第四期